34
Mystery

34
Mystery

34
Mystery

34
Mystery

第一本親近神明的小百科

神靈臺灣

口碑
紀念版

柿子文化◉企劃

林金郎◉撰文

Mystery.34

神靈臺灣‧第一本親近神明的小百科（口碑紀念版）
長輩沒教，但你一定要知道的神明微歷史、拜拜小知識

撰　　文　林金郎
內頁設計　劉玉堂
封面設計　林淑慧
特約編輯　朱佳美
主　　編　高煜婷
企　　劃　柿子文化
總 編 輯　林許文二

出　　版　柿子文化事業有限公司
地　　址　11677臺北市羅斯福路五段158號2樓
業務專線　（02）89314903#15
讀者專線　（02）89314903#9
傳　　真　（02）29319207
郵撥帳號　19822651柿子文化事業有限公司
投稿信箱　editor@persimmonbooks.com.tw
服務信箱　service@persimmonbooks.com.tw

業務行政　鄭淑娟、陳顯中

初版一刷　2018年9月
二版一刷　2021年4月
定　　價　新臺幣399元
I S B N　978-986-99768-8-6

國家圖書館出版品預行編目(CIP)資料

神靈臺灣‧第一本親近神明的小百科（口碑紀念版）：長
輩沒教，但你一定要知道的神明微歷史、拜拜小知識 / 林
金郎著. -- 二版.
-- 臺北市：柿子文化, 2021.04
面；　　公分. -- (Mystery ; 34)

ISBN　978-986-99768-8-6（平裝）
1.民間信仰 2.神祇 3.臺灣

272.097   110002582

金鐘獎主持人、作家、YouTuber／吳鳳

《寶島搜神》作者／角斯

《我在人間》系列作者／宇色

《妖怪臺灣》作者／何敬堯

好評推薦

序 文

拜神，是為了看到自己的佛性

二〇一四年十二月，我在柿子文化出版了《找神！拜對正廟有緣神》，書中除了介紹一般宗教與拜拜觀念外，也介紹了臺灣常見神明一百餘尊（未計希臘神話）、名剎一百八十餘所。因為平面與電子等媒體的抬愛，專訪、報導多達十餘次，也算是對正道信仰和民俗文化的推廣略盡了棉薄之力。

▍持續找神任務

未久，也是宗教作家的柿子文化社長林許文二先生企劃了一本詳盡介紹臺灣常見神明的小百科，認為寫過《找神！拜對正廟有緣神》的我既然已經跟眾多神明「打過照面」，那麼，攀個關係再「深入採訪」其身（神）世，自然是不二人選。雖自覺學養不足，但此企劃饒富意義，我也就義不容辭地答應了。

接著，我利用業餘和課餘時間盡全力書寫本書，期間因體力與精神負荷過大，四、五年沒發作的痛風和腸潰瘍竟都復發了，但巧的是，我向來有眩暈症老毛病，這期間居然沒發作過（書稿完成後竟然也很少再發作了），所以得以在身體痛楚但頭腦清醒的情況下完成本書。（天將降大任於斯人也？感恩眾神！）

▍「史實、樂趣、實用」三效合一

開始動筆後我才發現，事情不是憨人想的那樣簡單！漢族的信仰極其龐大複雜，除了正史的記錄、道教的說法、小說家的創作，更紛紜雜沓的是各地方眾多的民間傳說，它們全部盤根錯節在一起。此外，我在整理歸納資料時還發現，一些目前大家公認的說法其實還有商榷的餘地，所以我必須

一路持續抽絲剝繭的追蹤下去，為此，我制定了下列的寫作方法。

以道為本，以史為真

不管是道教或新儒學，都是以「無極生太極」為華夏道統，於是，本書便以「道」為統，為神明做定位與歸類（請參考《找神！拜對正廟有緣神》），而後再加以演繹；除此之外，為還原史實，本書會以正史、地方志、廟志、誌異、傳說的順序，來做為神明「身世」來源的根據，雖然結果可能不符合「社會期待」（這說法最近滿流行的），但接近真實應該比嘩眾取寵更重要。

參考民俗觀點與樂趣

雖然小說家之言與民間傳說幾乎不是史實，卻是當時民情人心的反應！

小說家開神明玩笑來表現神明也有人性，同時也表達對封建制度道德下禁錮的不滿；而民間將神明高度聖化，表現的則是一種對完人情操的期待，並以此為榜樣進行見賢思齊與賢人教育。

這兩種現象今日看來，不但都毫不荒謬，且真實表現了古人運用宗教來進行嘲諷和教化的智慧，所以本文將若干故事收錄其中，以理解傳統的因由，並增添本書的樂趣。

提出建議觀點

如前所言，筆者發現一些目前大家公認的說法還有值得商榷的地方，譬如，關聖帝君為佛教伽藍神（佛寺監壇）是皇帝封的，還是佛教徒自己弄的？玄天上帝是屠夫？臨水夫人（陳靖姑）是註生娘娘的原型？財神爺是關帝君？后土是土地公？……其中，王爺信仰爭議最多，王爺是瘟神、有姓

沒名、是十二天王還是十二瘟王？……在本書裡，筆者都將
提出個人研究觀點，以供眾人參考。

介紹重要神明與廟宇

本書因為是小百科，所以只詳細介紹了三十餘尊你應該
認識的神明，因為祂們都是在華夏道統、臺灣移民史上有重
要地位的神明，同時也介紹了祂們在中國及臺灣的祖廟和名
剎，還有祭拜的方式，方便各位做為參拜的參考，至於未及
介紹的神明與廟宇，可以參考《找神！拜對正廟有緣神》一
書，書中有概括的提及。

▌漢族其實不是很迷信

漢族是個崇尚道教的民族，一開始以符籙、煉丹（漢族
化學之祖）治病為主，這在兩千年前醫藥不發達的時代是各
民族的普同性，但隨著草藥、儒學與佛學的發達，道教早在
唐朝全真教時即已轉向修心與練氣，時至今日，正統道教廟
宇也都不再為私人做法事與治病（恩主公系統有在收驚，但
不屬醫療行為），而轉向從事社會公益與提倡倫理道德，以
修養心性來改變命運。

考諸史實，自唐朝以來，朝廷對民間祭拜與信仰即有明
顯的管制，若是朝廷、道教承認的自然神、聖賢崇拜，不但
會有官祭，也鼓勵百姓祭拜；宋朝以後更訂有明確的神明提
名、敕封、晉升辦法，目的都在效天法祖，以收教化之功。

相反的，若是民間巫術人員及鄉野大鬼的崇拜，則稱為
「淫祭」，歷代以來的掃蕩都不遺餘力。雖然有人認為（這
也是事實）朝廷是利用信仰來控制、拉攏人心，許多神明是
因為政治因素而地位扶搖直上，但不能否認的是，這還是建
立在聖賢崇拜之上，而非鬼怪崇拜之上。

時至今日，科學昌明、史料昭彰，人們不再依賴神明驅瘟除疫、治病養身，一些神明的身世也被考證出並非傳說中「那麼神」，而是被神化形塑過的，但這正表現先民對完人典範的期待，也正是每個人修身、養性、齊家、治國、平天下，以臻世界大同的典型，乃至心即神、心即宇宙的修養，我們要學習效仿的也是這種德行，而非某某神明偶像的靈體神通廣大、有求必應，就以大量金錢、供品去供奉祂，這從來都不是儒家和正道信仰會做的事，現代人更應該有這樣的認知才是。

▌回歸信仰，看見自性

因為我的作品不管是以何種型態出現，總是繞著土地與信仰為主題，所以很多人會問我說：「真的有神嗎？神是什麼？神的能力到底有多大？拜神有用嗎？」因為這不是三言兩語就可以回答的，所以建議各位可以直接去看《找神！拜對正廟有緣神》，在這裡我想說的是，對自然謙卑、對土地感恩、對人民親愛、對異族關懷的人，我沒見過他不喜樂、不滿足、不平安、不蒙受神明庇佑的！

先民用信仰的態度從荊棘中走過來，給我們留下一片美好的土地，但這片土地現在卻幾乎快要毀在我們的手上，那是因為我們想得到更多外在的東西，而失去了內心的信仰，以及對自然、土地、生命、道德、人性的信仰。拜神，不是拜一尊泥菩薩，而是對著一個聖人典範自省，甚至因而看到我們原本的佛性，當我們能夠逐漸看清自己清明與善良的本性，你，本身就是一尊活菩薩了！

林金郎

第一篇

玉闕群像

玉皇上帝

我的老天爺啊！

「天哪！」「我的老天爺啊！」「求求老天……」
眾神明中，就屬天公伯的耳朵最癢了！然而，這也是
沒辦法的事，誰讓祂上掌三十六天，統領天地人三界
神祇，下握七十二地、四大部洲，主宰億萬生靈呢？
畢竟在咱們老百姓的眼中，玉皇上帝是世界的起源，
是宇宙的本體，是全知全能的造物者，也是世界的最
高主宰。

老天爺如何成為玉皇上帝？

古時候「天」和「帝」是一體兩面，分不開的。在人們心中，「天」不只會帶來朗朗晴日或風雨雷電，還會依據人的善惡行止而賜福降禍，所以必須對「天」抱著敬畏心。

雖然被人們認為是萬能的主宰，也成為百姓中地位最高的神祇，然而，玉皇上帝其實並不是一開始就出現在人類文明裡的。

▌ 原始的天帝

最早，在先民的心目中，蒼天的可敬可畏促使他們將「天」神聖化，認為祂有無限上綱的能力，是至高無上的天帝──早在商朝甲骨文和周朝鐘鼎文中，就有「上帝」、「天」、「帝」等字眼出現，稍後，在《尚書》中，則出現了「昊天上帝」的尊號。

話雖如此，在周朝時，祭天就已是神格化的崇拜，而非單純對蒼天和大自然的祭祀。天子祭天時必須跪拜稱臣，王公並列，《周禮》中便記載有祭祀昊天上帝的禮儀。然而，此時的昊天上帝還未有具體樣貌和形象，而是以一塊牌位祭祀，以示蒼穹無形。

此時，「昊天上帝」仍只是「天帝」之意，而不是道教中的「玉皇上帝」，因為道教是在東漢末年才開始的。

▌ 人民眼中的眾神之王──玉帝

人們耳熟能詳的「玉皇」、「玉帝」之稱，最早出現於南北朝陶弘景的《真誥》、《真靈位業圖》。《真誥》中的〈拜謁天帝玉皇之法〉，可算以「玉皇」為天帝尊號之始，但其神格可能並不顯赫，因為神譜《真靈位業圖》中「玉皇

玉皇上帝小檔案

- **最完整的正式官銜：** 昊天金闕無上至尊自然妙有彌羅至真玉皇上帝
- **暱稱：** 天公伯、老天爺、玉皇大帝、玉皇上帝、昊天玉皇上帝。不過，道教不稱「玉皇大帝」，只稱「玉皇上帝」，道教裡的「上帝」只有一位，是天唯一的象徵──專指玉皇上帝；唯一看似例外的是玄天上帝的「上帝」，其「上帝」指的是高於一般大帝、帝君的稱謂，並非象徵「天」
- **專屬祭拜時間：** 農曆十二月二十四日、正月初一、正月初九

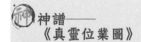

道君」、「高上玉帝」等位同天帝的諸神，其實都是玉清元始天尊的屬下。

隋唐時天帝的影響日鉅，庶民也普遍偏愛用玉帝或玉皇來稱呼天帝。雖然此時尚未正式出現「玉皇上帝」之稱，但民間信仰的天帝和道教的玉皇已合而為一，而正式將「昊天上帝」和「玉皇上帝」結合一起的，則是唐末杜光庭所刪定《道門科範大全集》中出現的「昊天玉皇上帝」尊號。

▋ 玉皇崇拜的最高潮

唐代因皇姓為李，而崇尚太上老君（老子李耳）並提倡道教，這股崇道之風一直延燒至宋朝，以真宗、徽宗為最。宋真宗正式將玉皇列為國家奉祀對象，敕封「昊天金闕無上至尊自然妙有彌羅至真玉皇上帝」，至徽宗時，敕封「太上開天執符禦歷含真體道昊天玉皇上帝」，開啟昊天上帝和玉

皇上帝結合為「昊天玉皇上帝」的正式依據——算是民間、道教、朝廷的信仰正式合流，對玉皇的崇拜也因此達到了最高潮。

不過，政治上對玉皇上帝的尊崇卻只是曇花一現，宋徽宗之後的皇帝大都不承認，直至清末，朝廷依據古禮制度舉行祭天大典，昊天上帝才又是唯一的最高神祇。

另一方面，玉皇上帝的信仰在民間已深深地扎了根，而為了因應社會的需要，道教也造了一批關於玉皇上帝的道書，提升並鞏固了祂的神格和帝位，成為僅次於三清道祖的大神。

玉帝搞什麼——專拆神仙眷侶，製造人間怨偶？

雖然玉皇上帝是至高無上之神，但在傳奇故事中，祂反而是出乎意料的不怎麼英明。傳說中，玉皇上帝的皇后是瑤池金母（王母娘娘），祂們育有二十四個女兒（包含七仙女），十個太陽是祂們的兒子。縱然自己有家庭，但祂老大爺卻規定神仙不能談戀愛，專門拆散天上仙侶，製造人間怨偶，受害人還多是祂的至親。

《寶蓮燈》中，玉皇上帝的三妹瑤姬和人類私通，生下了二郎神楊戩和西岳華山三聖母，怒極的玉皇上帝便將瑤姬壓在桃花山下。後來，楊戩劈開桃花山救母，祂又派出十個太陽將自己的妹妹曬死，而楊戩也差點被祂用天河之水淹死，同時還造成人間水患。雖然為了避免天下蒼生遭難，雙方暫時和解了，但後續又爭鬥不斷。

《天仙配》中，七娘媽和董永邂逅，玉皇上帝硬逼七娘媽拋夫棄子回天庭，讓中國眾多生存在絕對威權、生命中只有老公和子女的婦女因而哭斷肝腸。至於《七世夫妻》中，金童在宴會時不慎打翻酒杯，玉女見狀竊笑，玉皇上帝就誤以為兩人互有情愫，處罰他們下凡七世，只能苦戀卻無法結合……

話說回來，這些傳奇其實是藉由玉皇上帝的獨斷、專制，甚至無情、傷害，來暗諷當時禁錮人性的政治與社會體制。玉皇上帝當然是「神愛世人」的，而百姓對於「天」和玉皇上帝也仍是絕對推崇，「天有好生之德」、「天無絕人之路」等都是稱頌天的德行。

穿龍袍、戴帝冠，卻拿上奏的手牌？

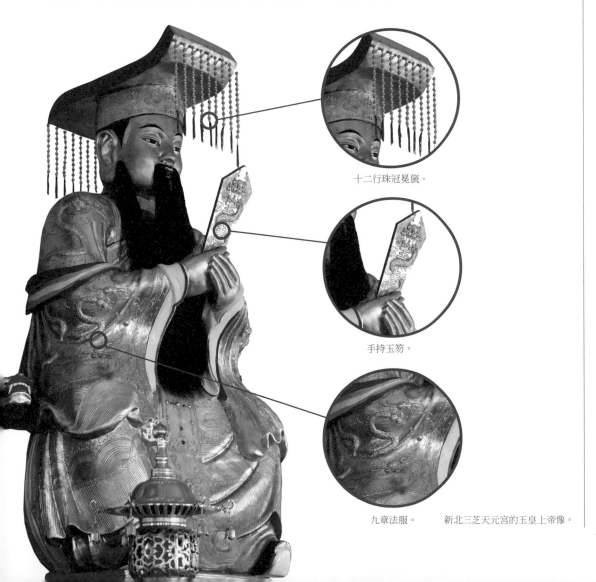

造型檔案

「分命輔臣薦獻諸殿，改奉元宮曰明道宮，奉安玉皇大帝像。」
——《宋史·卷一○四》

唐朝以前，玉皇上帝崇拜尚未普及，朝廷祭祀的則是昊天上帝，因而玉皇上帝尚未有具體的形象，但到了唐朝，玉

十二行珠冠冕旒。

手持玉笏。

九章法服。　新北三芝天元宮的玉皇上帝像。

皇上帝概念已經盛行而且也被人格化，形象已經躍然紙上，天庭亦仿若人間朝廷的翻版，禮書亦載明上帝與人間帝王之服冕、禮儀相等。

▌天上玉皇，人間帝王

然而，若要說到神像的雕塑，一般認為是在宋朝。古時候，皇帝率領王臣祭天時並沒有神像，直到宋真宗、宋徽宗兩位皇帝因為崇拜玉皇上帝，分別興建朝元殿、玉清昭應宮供奉玉皇上帝神像，從此才有玉皇的雕像。後來，坊間有很多天公廟和凌霄寶殿上也會祭拜玉皇上帝神像——不過，一直到清朝，朝廷的祭天大典仍只設「昊天上帝」神位。

現在，玉皇上帝的具體形象一般為「身著九章法服、頭戴十二行珠冠冕旒、手持玉笏」：

●**九章法服**：繡上龍等九種圖案的法定服裝（皇帝著龍袍始於隋朝）。

●**十二行珠冠冕旒**：長條形冠沿前後各有十二串吊珠，為秦漢時代皇帝的冠冕（不過，目前臺灣許多宮廟的玉皇上帝塑像並未如數做十二串吊珠）。

●**手持玉笏**：這個形象其實很怪——笏是朝臣上奏皇上時執持的手牌，奏文寫於笏上，皇上是不用雙手持笏做稟報狀的。

▌玉皇上帝的宰相臣工

朝廷祀祭的昊天上帝，配祀的是五方五帝；至於玉皇上帝的配祀，則沒有一定。

玉皇上帝為天庭帝王，底下自然臣工濟濟，道教裡與祂同列的配祀有四御、五極大帝，但因為民間祭拜需要百姓熟

識的神，所以一般廟宇會有東華帝君與瑤池金母、日月星君、南北斗星君，其他常見的還有三官大帝等。但以道教理論來說，玉皇上帝等同太極，東華帝君（左）為先天陽氣，瑤池金母（右）為先天陰氣，以祂們倆為配祀，其實最為恰當。

玉皇上帝及配祀三官大帝。

另外，有人認為玉皇上帝是全知全能的，不需要宰相，因此只有一位特使──太白星君（太白金星）。《西遊記》裡，玉皇上帝被孫悟空搞得不知如何是好，便派出太白星君去招安孫悟空，給了他弼馬溫的小官看守馬廄。

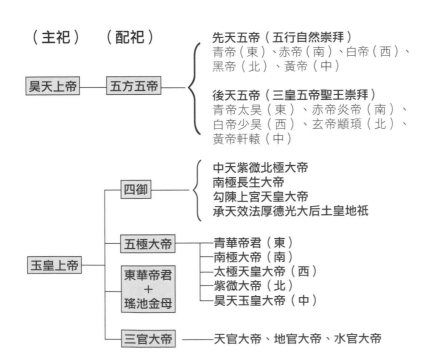

（主祀）　（配祀）

昊天上帝 ── 五方五帝

先天五帝（五行自然崇拜）
青帝（東）、赤帝（南）、白帝（西）、黑帝（北）、黃帝（中）

後天五帝（三皇五帝聖王崇拜）
青帝太昊（東）、赤帝炎帝（南）、白帝少昊（西）、玄帝顓頊（北）、黃帝軒轅（中）

玉皇上帝

四御
中天紫微北極大帝
南極長生大帝
勾陳上宮天皇大帝
承天效法厚德光大后土皇地祇

五極大帝
青華帝君（東）
南極大帝（南）
太極天皇大帝（西）
紫微大帝（北）
昊天玉皇大帝（中）

東華帝君＋瑤池金母

三官大帝 ── 天官大帝、地官大帝、水官大帝

小事別找天公伯？

玉皇上帝是眾神的主管，大都只管神界、廟務或國家大事，細瑣煩事或人間凡務各有負責的神明，通常不會勞動到祂。因此，若你因為神明太多而嫌煩，想說拜最大的玉皇上帝就好，那可就誤會很大了⋯⋯

從商周至清朝，「祭天」一般來說都是朝廷專屬，與上帝溝通是天子和朝廷的事，這和老百姓祭拜、祈請玉皇上帝的意義是不同的。

玉皇上帝的專屬祭拜時間

一般人想祭拜玉皇上帝，像先民們一樣抱著敬天之心即可。至於民間習俗裡，則有三個祭拜玉皇上帝的專屬時間。

●送神：農曆十二月二十四日，民間會「送神」至天庭向玉皇上帝報告人間善惡。到了隔日，玉皇上帝會親蒞人間勘查，並以人之善惡訂定來年的福禍，因此在禮俗上，農曆十二月二十五日這天不能口出穢言、打罵小孩，也不能曝曬衣服，以免褻瀆聖靈。此外，有的宮廟也會趁這日舉行向老天爺祈求補運、補財庫的儀式。

●賀正：農曆正月初一是「一元復始」，當然要祭拜最大的天公，民間和廟宇多在除夕晚上十一點，即正月初一的子時即開始祭拜天公，稱為「賀正」。

●天公生：農曆正月初九是老天爺的生日，此說來源有二。一說道術以單數為陽、雙數為陰，一為陽之生，九為陽之尊，因此以正月初九為天公生。另一說為《占書》所載，女媧娘娘造物時，初一為雞日，初二為狗日，初三為豬日，初四為羊日，初五為牛日，初六為馬日，初七為人日，初八為穀日，初九為天日，初十為地日，所以演變成初九天生日即天公生日，也就是玉皇生日。

家裡可以拜玉皇上帝嗎？

玉皇上帝的等級太高，家庭不適合祭祀，因此一般人家中不拜玉皇上帝神像，只拜天公爐，有些人家習慣每天早晨拜祖先前會先朝天公爐朝拜，以示敬天。

一般來說，閩南人家裡的天公爐懸在神明廳的梁上；客家人因為祭祖不拜神，所以天公爐一般掛在天井、屋外梁柱高處，或設一根插香的竹竿。由於客家人崇拜三官大帝，因此有一個說法是，客家人拜的「天神爺」並非天公，而是三界公或三界公中的天官大帝。

020

除了這三個專屬祭拜天公的時間，民間習俗在嫁娶時也都會謝天祭祖。

話說回來，其實很多人經常拜天公而不自知——除了天公廟、凌霄寶殿有專祀玉皇上帝，一般廟門口那個大香爐就是天公爐（真正的名稱是「眾真爐」或「天地爐」），不論廟宇的主神是哪尊，都得在天公爐前先拜天公以及三界（天界、地界、水界）諸神後再入內拜神的！

南鯤鯓代天府大殿外天公爐。

那麼，在天公廟或凌霄寶殿祭拜還要拜外面那個天公爐嗎？這時就請先拜殿內的天公，再拜外面的三界諸神吧！

▌ 如何祭拜玉皇上帝？

在道統上，「天級」的自然神，如玉皇上帝、三官大帝等，因為化育萬物，有好生之德，所以不祭葷食，以鮮花、素果、齋菜拜之，如逢年節，再加上年糕、發糕、蘿蔔糕、米粄、花生仁糖等應節食品，如逢聖誕則加壽麵、壽桃、紅龜粿、紅蛋等賀壽食品；拜天神一般以清茶代酒，但這時可以桂圓茶或四果茶取代，以示尊敬並取其富貴圓滿、四季吉祥之意。供品備妥後，在家裡面向天空，或至天公廟、廟宇的凌霄寶殿祭拜即可。

一般家庭如果希望拜得隆重一點，則可以準備高、矮兩桌。高的那桌拜天公，擺在前面，是素食桌。桌面正前方擺設彩色紙製天公神座（金紙店有售），中置香爐、三杯茶，兩旁擺置鮮花、蠟燭、天公金，供品有紮上紅紙的麵線三束象徵萬壽無疆、五果象徵五福臨門，以及六齋、六味象徵六六大順。

松山奉天宮是臺北主祀玉皇上帝的廟宇，神職人員正在主持法會活動。

●**五果**：適合拜神的五種水果，其中如有綁上紅紙的甘蔗最佳，象徵長長久久、甜甜蜜蜜。

●**六齋**：金針或白米；木耳、香菇或青豆；冬粉或黑豆；紅棗或紅豆；土豆或黃豆——象徵金（白）、木（青）、水（黑）、火（紅）、土（黃）五行俱足。

●**六味**：六種不同的粿（長壽）、糕（高升）、餅（足食）和糖（甜蜜）。另外，也可準備六碗甜湯以示甜蜜。

矮桌則擺在後面，是慰勞天兵天將的葷桌，祭以三牲或五牲及其他供品，隆重的可再放置山珍（薑、香菇、金針、木耳）、海味（鹽、海帶、糖、醋），用四項表示山珍海味俱全，用八項象徵八仙過海發大財。至於在廟裡，一般會再以各種乾料做成十二碗、二十四碗或三十六碗不等，象徵祭祀十二天干、二十四節氣、三十六天罡。

▌ 臺灣祭祀玉皇上帝的廟宇

臺南市開基玉皇宮開建於明朝荷治時代，是全臺最早祀奉玉皇上帝的聖殿，已有三百四十多年歷史。

臺灣主祀玉皇上帝最有名的廟宇俗稱「三間半」，分別是沙鹿玉皇殿、臺南天壇、新竹天公壇，以及因馬路拓寬被削掉一半的彰化元清觀。

臺灣最大的玉皇聖像在臺中的龍井玉府天宮，為金面的塑像。

這裡要特別提出的是臺灣首廟天壇，也就是現在的臺南天壇天公廟。臺南天壇的廟址原是鄭氏王朝祭天的場所，清咸豐才就地建廟為天公壇（俗稱天公廟，後改名為天壇），主祀玉皇上帝，在《臺灣通史》中被明文記載，仍延續祭天立神牌、不立神像的傳統，至於其他臺灣大部分廟宇的玉皇上帝神像，則大都遵循唐禮，立玉皇為帝王之相。

府城三大名匾

又稱臺灣三大名匾：臺灣首廟天壇「一字匾」、臺灣府城隍廟「爾來了」，以及竹溪寺「了然世界」。

臺灣俗語有言：「給天公借膽。」其實，宜蘭草嶺慶雲宮（俗稱大里天公廟）就有跟天公借膽的禮俗，該廟已有兩百多年的歷史。相傳當年噶瑪蘭（今宜蘭）先民出入險峻的淡蘭古道時，會到天公廟祈求平安，順便帶顆加持過的石頭當護身物壯膽。

古代軍隊出師前都有祭天活動，並祈求文武天神天將能夠隨行保佑，所以大里天公廟現在借膽也分文膽、武膽，藉此將玉皇上帝身邊的智囊與武將借給信徒，保佑信徒文職、武事兩相得意，文武雙全。

（左）開基玉皇宮中的玉皇上帝神像，是四肢關節可活動的軟身神像。
（右）臺灣首廟天壇（簡稱臺南天壇，地方居民俗稱天公廟），為主祀玉皇上帝的道教廟宇。

觀音菩薩
佛道兩界的共同慈母

雖然觀音是一位外來的神明,然而祂最後在道教的地
位,可說除了玉帝外,無神能出其右,甚至連天后級
的媽祖也略遜一籌——觀音信仰流布的範圍遍行中土
濱海、內陸外,如果連信仰密宗的西藏、新疆、蒙古
也算入,則遍及整個大中華地區,以及全世界的華人
地區,超越了天后級媽祖的東南亞範疇。

最火紅的外來神

不少人應該都被父母長輩叮嚀過，遭遇喪事或危難時，務必唸幾聲西方淨土（極樂世界）教主的聖號——「阿彌陀佛」，這已成為許多人的反射動作或習慣，連帶著，身為阿彌陀佛左脅上首、西方三聖之一的觀音，也成為家喻戶曉的菩薩——早在唐朝時，就有「家家阿彌陀，戶戶觀世音」的盛況……

■ 印度來的觀音

觀音的信仰源自印度佛教，約於魏晉時代傳入，是中國四大菩薩之一，擁有極為神聖的地位，但由於北朝曾發生兩次滅佛行動，而南朝政局較穩定，所以在當時，比起北方，南部——尤其是東南部——觀音廟更為盛行。

根據經典記載，觀音會在阿彌陀佛涅槃後繼位成為西方淨土的教主。觀音「聞聲救苦，如火焚身」的無量慈悲心與應聲救援，為紅塵眾生所依盼與寄託，因而成為佛教中流傳最多、最廣的信仰。

根據《大悲心陀羅尼經》的記載，觀音菩薩其實早已成佛，佛號「正法明如來」，但因為一世只能一佛，為了普渡眾生，觀音委身為大菩薩，稱為「倒駕慈航」。這說明了菩薩道強調入世渡化眾生而非出世自了，其地位、能力與情操也因而更加受人尊崇。

至於觀音聖號的由來，據《一切經音義・卷五》所言，因為印度地方口音的關係，出現兩個略有差異的唸法，意思也有所不同：

一是「觀察世間音聲」之意，南北朝譯經大師鳩摩羅什取其意翻譯為「觀世音菩薩」。另一個則是「觀察自在」之意，唐朝玄奘大師取其意翻譯為「觀自在菩薩」，而其他經書出現的同義譯名至少有七種。

026

觀音菩薩小檔案

●信仰起源：印度佛教
●佛號：正法明如來
●聖號：觀世音菩薩、觀自在菩薩
●西方三聖：阿彌陀佛、觀世音菩薩、大勢至菩薩
●供品：素食

西方三聖

西方淨土（極樂世界）以阿彌陀佛為教主，上首左脅是觀世音菩薩，右脅是大勢至菩薩，合稱「西方三聖」。觀世音菩薩與大勢至菩薩造型極為類似，最大的差別在於：觀世音菩薩冠冕上有阿彌陀佛的神像，大勢至菩薩則是寶瓶。

何謂「菩薩」？

　　菩薩是梵文「菩提薩埵」音譯的簡稱，「菩提」是覺悟之意，「薩埵」指有情眾生，所以菩薩是覺悟的有情眾生，是上求智慧、下渡眾生的修行者。只要發心行菩薩道的人都可以稱為菩薩，但是只有具備廣大神通能力、趨近圓滿的才可以稱為「大菩薩」，也就是佛經常提到的「菩薩摩訶薩」。一開始，印度的大菩薩只有釋迦摩尼與彌勒，後來公認的大菩薩有八位，而漢族則有觀音、文殊、菩賢、地藏四大菩薩。

　　漢族民間幾乎都以「觀（世）音菩薩」稱呼，也表示認同祂觀察世間音聲而聞聲救苦的精神。

▌ 從大菩薩變三公主

　　佛教中的觀音是大菩薩，到了漢族後，因三教融合和民間信仰關係，遂被稱為觀音佛祖、觀音媽，並被賦予全新的身世和傳奇——觀音菩薩是妙善公主修行而成，這個傳說還是出自於佛門之手呢！

　　《北史》及《隋書》的〈王劭傳〉都曾談到隋文帝的獨

阿彌陀佛（教主）：觀世音菩薩（左脅），冠冕上有阿彌陀佛神像；大勢至菩薩（右脅），冠冕上有寶瓶。

孤皇后就是妙善菩薩，而最早見諸文本的妙善公主紀事是北宋〈香山大悲菩薩傳〉，文長約二千六百字，刻於河南汝州香山寺的石碑上。

此碑目前仍然保存著，這件事在當時的《曲洧舊聞》中也有記載，此傳後來改寫成《觀世音菩薩本行經》，之後又更名為《香山寶卷》（「寶卷」是佛教融合了三教與民間傳說，彙編成可邊說邊唱的文本）。

明朝時，《香山寶卷》被改編成章回通俗小說《南海觀音菩薩出身修行傳》，古代民智未開，經常將小說傳奇當史實，甚至加以認定、流傳、崇拜——《三國演義》就是最典型的例子，同樣地，觀音在漢族的定形與展開也可說是奠基於這本小說。

由於妙善公主的傳說皆源於〈香山大悲菩薩傳〉，因此雖歷經改編，但內容大同小異：

金天大吳氏時代（遠古時代）天下大亂，慈航尊者下凡救世，降生於西域興林國好箇錦城，國王妙莊王有三個女兒，最小的三公主便是妙善公主，生於二月十九日——目前通行的觀音聖誕日便是以此為憑。

妙善長大後拒絕婚配，堅心於白雀寺求道，妙莊王憤而火燒廟寺，然而，歷劫的妙善此時經由地藏菩薩帶領遊歷地獄，為地獄眾生說法，並體驗地獄眾生之苦。

回魂後，妙善更精進不退，釋迦摩尼佛於是指點其至南海普陀山修行，九年後成道，稱為「香山仙人」。

後來妙莊王生一怪病，需要至親或聖人的一眼與一手做藥引，於是向香山仙人請求布施，香山仙人慨然應允。

一般民間供奉觀音的塑像。

千手觀音。

病癒後妙莊王見仙人缺一眼一手，甚為愧疚，於是向上天跪求讓仙人重新長出眼睛和手，不久之後，仙人長出千手千眼，化成千手千眼觀音菩薩。父女倆之後相認，妙莊王也皈依了佛門。

▉ 藉媽祖進入道教和民間

由於宋朝皇帝改尚道教，宋徽宗詔令將佛教稱謂一律改為道教稱謂，而宋徽宗、真宗時正是媽祖信仰在政治場上崛起之時。受到改佛為道的影響，〈香山大悲菩薩傳〉除了將觀音道教化外，同時也有媽祖的影子，甚至釋迦牟尼佛還囑咐妙善至南海求道，而非至印度本土。

觀音被道教化、民俗化，除了政治因素，也是當時三教融合的時代信仰趨勢所需。後來的《香山寶卷》、《觀音寶

 千手千眼觀音的真正由來

妙善公主化成千手千眼觀音其實是中國小說的改編版，真正的由來記載於《大悲心陀羅尼經》當中。「若我當來，堪能利益安樂一切眾生者，令我即時身生千手、千眼具足。」觀音大願一發，即長出千手千眼。

卷》雖皆出自佛門，還是因循三教融合風格，並以觀音和媽祖的臍帶關係去形塑觀音。

　　基本上，媽祖的形象可說是藉由觀音而從巫覡信仰而聖化，而觀音則是藉由媽祖而在道教與民間廣為流傳。《天妃顯聖錄》便記載媽祖是觀音的轉身、徒弟，此外，本土化後的觀音，與媽祖還有很多相似之處：

俗名	稱號	身分	盛行地帶	宗教屬性
林默	元朝稱南海女神	海上女神	南越	佛、道、巫融合
妙善公主	民間稱南海古佛	慈航尊者	吳越	佛教，後被道教吸收

明著祭觀音，暗著拜祖先

　　在臺灣，觀音曾經特別受到禮遇。日治時期禁止祭拜漢神及祖先，但可以拜觀音（日本人信奉佛教），所以臺灣人將觀音聖像做成大幅彩畫或漆畫，將神像和祖先牌位藏在後面，稱為「觀音媽聯」。

　　終戰後禁拜令消失，觀音媽聯則發展為不同樣貌，一般分為二到三層：

第一層：觀音菩薩（陪祀善財、龍女）。

第二層：媽祖（陪祀香火女、執扇侍女或千里眼、順風耳）。

第三層：灶神（龍邊）與土地公（虎邊）的坐像。

　　有些觀音媽聯僅有觀音、灶神、土地公，稱為「家宅三聖」，而有觀音、媽祖、關公、灶神及土地公稱為「家堂五神」。由此可知，在道教和民間信仰上，觀音等級確實高於媽祖，而媽祖系統也承認媽祖是觀音的轉身（見 P042）。

千百億化身

故我能現眾多妙容，能說無邊祕密神咒……救護眾生，
得大自在。

—— 《楞嚴經》

▋觀音的原型

　　觀音菩薩最早的原型可追溯至印
度婆羅門教的自然神「雙馬童」，
祂們是一對年輕俊美的孿生神明，
聞聲救苦、行動敏捷，是當時最受
崇拜的大神之一，也是印度種姓制
度下，悲慘的賤民階級最信仰、最
渴盼的神明。到了大乘佛教時代，強
調以利樂眾生為首要之務的菩薩道興
起，於是雙馬童便轉換為觀音菩薩。

▋觀音的化身

　　隨著觀音信仰的普遍化，以及隨緣
化現教導眾生所需——應以何身得渡，即
現何種身形為之說法，觀音的造型因而千變
萬化：

●《楞嚴經・觀世音菩薩耳根圓通章》：
列舉觀音有三十二種不同的化身。

●《法華經・普門品》：記載觀音菩
薩以三十三種不同身分形象的化身，為不
同階級的眾生講授佛法，稱為「三十三法
身相」。

●《大悲咒出相圖》：即〈大悲咒〉

馬頭觀音。

有的版本在每句咒語後加入一位觀音化身圖案，共八十四張，應為後人加入。

觀音的變型

除了化身，觀音還有不同意涵和法門的變型：

●**天臺六觀音、東密六觀音**：是顯教、密教對應的觀音形象。

●**度母**：漢傳佛教認為度母是觀世音菩薩慈悲的目光所化現的女性菩薩；藏傳佛教則認為是觀世音菩薩因為慈憫眾生受苦流下的慈悲眼淚所化。然而，不管是目光還是眼淚，度母象徵的都是觀音慈悲中的慈悲。度母的形象多達五百多種，以綠度母為所有度母化的主尊，之下以白度母、紅度母、黃度母最為人熟知。

顯教？密教？

佛教在印度形成之後，續而朝南向中南半島、東南亞一帶傳播，稱為南傳佛教，屬小乘佛教；朝北向中亞、中國、東北亞一帶傳播，稱為北傳佛教，屬大乘佛教。北傳佛教中向中土傳播的稱漢傳佛教，為顯教；向西藏傳播的稱藏傳佛教，是密教。

西元一六七〇年荷蘭人歐佛爾‧達波（Olfert Dapper）繪作的觀音圖像。

觀音的形象

●漢傳觀音

有三十三種形象。觀音傳入中土後便傳出許多救苦救難的民間故事，唐朝以後，這些故事被蒐集並繪製成圖畫流傳。要注意的是，這並不是觀音的化身或變型，而是觀音菩薩在不同故事、不同主題的形貌展現，基本上差異不大，約是白衣觀音、楊柳觀音、持蓮觀音、灑水觀音的綜合體，最大的辨識特徵是冠冕上有阿彌陀佛的神像。

漢傳觀音的三十三種形象如下：楊柳觀音／龍頭觀音／持經觀音／圓光觀音／遊戲觀音／白衣觀音／蓮臥觀音／瀧見觀音／施藥觀音／魚籃觀音／德王觀音／水月觀音／一葉觀音／青頸觀音／威德觀音／延命觀音／眾寶觀音／岩戶觀音／能靜觀音／阿耨觀音／葉衣觀音／琉璃觀音／多羅尊觀音／蛤蜊觀音／六時觀音／合掌觀音／一如觀音／不二觀音／持蓮觀音／灑水觀音／馬郎婦觀音／普悲觀音／阿摩提觀音。

●藏傳觀音

常見雕像有：四臂觀音，〈六字大明咒〉（六字真言「唵嘛呢叭咪吽」）是祂的法門；十八臂觀音（即準提菩薩），〈準提咒〉是祂的法門；千手千眼觀音，〈大悲咒〉是祂的法門。

●臺灣特產的黑面觀音、紅面觀音與金面觀音

媽祖有烏面媽、紅面媽、金面媽，觀音也有喔！而且意義相仿。

普渡公的頭上有觀音菩薩神像，祂和觀音有什麼關係？

普渡公為中元普渡時的法會總護法，是位焦面的凶狠將軍，冠冕上有觀音圖像。道教說祂是太乙救苦天尊化身或鬼王蚩尤，佛教則說祂是觀世音化現的大士爺，也稱面燃大士，所以冠冕上有觀音像。因為印度並無中元普渡，所以大士爺之說，應是漢族發展出來的，出自《佛說救拔焰口餓鬼陀羅尼經》中阿難遇面燃鬼王的典故。

	代表意義	哪裡看？
黑面觀音	具捨己為人、救渡眾生的神格化莊嚴意義	新北市貢寮靈鷲山無生道場、宜蘭市下渡頭慈安寺、臺中市清水紫雲巖、嘉義縣半天岩紫雲寺、臺南市東山碧軒寺
紅面觀音	紅面象徵人格化，紅面觀音代表「入世」救苦救難的慈悲精神	高雄內門南海紫竹寺，為全臺第一間紅面觀音廟
金面觀音	金面是得道的象徵，所以金面觀音就是觀音佛祖	金門金水寺、板橋接雲寺、臺南市大觀音亭

▌ 觀音的性別

　　現在所見的觀音形象都是以女身出現，但在古畫中卻有以男身出現的，於是便引起好奇，觀音究竟是男身或女身？關於這一點，可就不同的面向來說。

　　●**就法身而言，並無男女之分**：大菩薩位處無色界，只有意識存在，並沒有形體或色身，而祂為了救渡眾生所化現的眾多形象並非實像，所以觀音本尊並無男女之分。

　　●**以講經會上化現的身形來說，大菩薩皆以男身化現**：原始佛教認為成佛須為男身，《法華經》中龍女轉身成佛，便是先變成男子、具菩薩行，然後再成佛。《法華經》、《華嚴經》、《悲華經》等也是以「大丈夫」、「善男子」等來稱呼觀音，而觀音的梵文，也是男性的名詞。

　　●**漢族的觀音信仰中，女性形象是信徒對其慈悲本質的集體需求**：化身的目的，是為了讓信徒能具體看見、感受、皈依，否則便無意義。因此，觀音是男身或女身，端視信徒的集體意識需求而定，漢族需要的，便是一個女性觀音最慈悲的救渡象徵。

　　●**就漢族佛教藝術史來看，由佛教初來中**

坊間多有模仿龍門窟的觀音菩薩像，體態圓潤豐滿。

土時的男身轉為女身：以敦煌莫高窟壁畫（東晉前的菩薩像）來看，觀音像嘴邊留有兩撇細鬍，下巴有一撮細鬚，有的還眉長垂目，這是莊嚴的象徵，當然也是男身的顯現，呈現的是講經會上菩薩的身像。龍門石窟（北魏開鑿至北宋）的觀音圖像則可以看出：

- 北魏即出現觀音的女身。
- 唐代時，窟內菩薩像顯現的是當時貴族婦女的華麗形象，被戲稱為「菩薩賽宮娃」。當時菩薩已普遍為女身，呈現百姓對女性菩薩的信仰需求。
- 北宋時，妙善公主是觀音化身的說法和著作已完全成形與流傳，民間已清一色視觀音為女身。

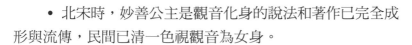

大誤解！善財童子、龍女跟觀音沒有關係？

　　在莊嚴慈祥的觀世音菩薩兩旁，常見一對可愛的童男童女，童男是善財童子，童女是龍女。然而，在印度佛教中，善財童子、龍女與觀音並沒有特殊關係，當然更不是陪祀，只是經典稍有提及：

- 《華嚴經・入法界品》中有「善財童子五十三參」，其中第二十九參就是參見觀自在菩薩。「童子」在這裡並非指小孩，而是大菩薩的別稱，形容大菩薩如童子般純淨天真，文殊菩薩便經常化現童子像。

- 《法華經・提婆達多品》記載了年僅八歲的龍女獻珠佛陀、即身成佛（佛教術語，指凡人的色身直接轉化成佛的法身，而成佛）的故事，而這當然不是八歲或獻珠的問題，而是累世修為、機緣成熟，所以龍女當時已是大菩薩（現在已經是佛了），只是為童子身。

　　這個誤解源自〈香山大悲菩薩傳〉，當時小說作者未細察「童子」之意，找了善財、龍女兩位童子來當觀音的左、右脅，還塑造成小孩的模樣。孰料一般百姓認不得這兩位童子，而以「金童玉女」這個少男、少女的典雅稱呼來稱之，真是有眼無珠，不識泰山啊！

次九拜觀音，打碎桂圓慶重生

　　雖然道教廟宇也祭祀觀音，但觀音終究是佛教菩薩，所以祭拜應用鮮花、素果、清茶、齋菜，切莫葷食。此外，民間還會求圓滿而準備桂圓乾。

　　基本上，民間有三個祭祀觀音菩薩的日子，皆出自妙善公主的傳說：

- ●農曆二月十九日誕辰紀念日
- ●農曆六月十九日得道紀念日
- ●農曆九月十九日出家紀念日

　　由於三個日期皆為十九日，所以稱為「次九日」，是為了突顯僅次「初九」至尊天公生的地位。另一方面，二為陰數之生，代表妙善公主女神的性別；六為陰數之中正德行，是得道月分；九為至尊之數，佛家又認為出家有無量功德，故為出家之月。

▌素齋拜觀音

臺灣早期民間供奉的觀音像。

　　觀音是佛教菩薩，故應採用素食供品，一般日常禮儀均採四供養：香、花、水、燈。香代表傳遞訊息給上天及戒律和禪定；花代表因果中的因（相對結果的果）以及成就；水代表甘露、清靜與平等；燈代表光明、智慧、奉獻。除了四供養，還有五供養、七供養與十供養：

- ●**五供養**：香、花、燈、茶、果。
- ●**七供養**：香、花、燈、茶、果、食、樂。
- ●**十供養**：香、花、燈、茶、果、茶、食、寶、珠、衣（茶是各色蔬菜的總稱；食是麵食或飯食的穀類製品）。

　　也可用四喜、五果祭拜：

- ●**四喜**：茶、酒、麵、飯，即一般的飲食供養，並有四時如意之意。

●**五果**：五種可以祭拜的水果，表示結果、收成。三果亦可。

此外，民間認為觀音誕辰是最慈悲的日子，諸求皆可圓滿，所以還會準備米糕、桂圓乾。祭祀完後食用米糕，象徵步步高升，並將桂圓乾的殼打碎，現出真圓，以象徵擊碎厄運，好運破殼而出，這個習俗與臺北行天宮以前祭拜米糕、桂圓乾是一樣的。經常祭拜的神明都有專用的金紙，如天公金、文昌金等，隨著觀音的道教化，也出現了觀音金，但佛教是不燒紙錢的，意思到即可。

習俗中不宜祭拜的水果

民間習俗認為，硬籽可以吃下去、又排出來的水果，不宜拿來祭拜，因為籽會隨糞便排出來，在糞便裡發芽，是汙穢的象徵，所以不宜。此類水果有：芭樂、百香果等。另外，釋迦因形狀像釋迦牟尼的頭而得名，故也應該避免。

臺灣的觀音寺比媽祖廟還多

中國觀音廟宇香火最盛行之地，當然就是妙善傳說起源地的河南汝州香山寺，被稱為觀音祖廟；另一個則是妙善修行之處普陀山，此山觀音廟林立，善男信女絡繹不絕，也是一觀光勝地。

臺灣的觀音寺有六、七百座，數目略高於媽祖廟，可見信仰之廣泛！臺南市赤山龍湖巖是觀音菩薩在臺灣最早的開基道場，也是臺灣最古老的寺廟之一，相傳為明鄭參軍陳永華於西元一六六五年所建，因為野史記載陳永華就是洪門天地會總舵主陳近南（據考證不是），所以龍湖巖也被視為天地會的發源地，真是饒富歷史意義！

臺北萬華龍山寺、臺中清水紫雲巖二寺都是以佛為體、

日本人小林松儒所繪製的臺北龍山寺，收錄於《臺北風景六題》當中。

觀音在哪裡修行？

南海、普陀山、香山寺、紫竹林、潮音洞，都是聽聞觀音修行的地方，到底哪裡才對？答案是：南海普陀山的紫竹林。南海當時指的是南越的海域，因在中土南方，故稱為南海，也就是現在地理位置上的東海，有人依目前的地理，稱觀音在東海修行，雖符合現況，卻不符當時的歷史狀況。普陀山在浙江省定海縣外海的舟山群島，紫竹林、潮音洞都是普陀山的美景古蹟，不過觀音修行的地方在紫竹林，巧的是，臺灣新北市有座觀音山，其中一知名景點便是潮音洞，所以引人誤解。此外，普陀山並無香山寺，但因為〈香山大悲菩薩傳〉起源於香山寺，所以香山寺便被視為中國的觀音祖廟。

以道為制的廟宇，主祀觀音佛祖，最殊勝的是，該兩處廟宇總是聚滿誦經的信徒，經聲與香煙裊裊不絕，虔誠而悠遠，是佛、道共祀觀音的典型。

鹿港龍山寺主祀觀音，素有臺灣紫禁城之稱，是宗教藝術聖殿，雖歷經修治，仍被認為是臺灣目前保存最完整的清朝建築物，正所謂「廟貌重新，金飾玉雕歷千年而不古」，是少有的國家一級古蹟！

桃園市有個地方叫觀音鄉（後改為區），其中主祀觀音的甘泉寺是當地香火鼎盛的信仰中心，該寺有一口終年不絕的甘泉井，因此名為甘泉寺，也是象徵觀音遍灑甘泉之意，寺內主祀的觀音神像是形貌酷似觀音大士的天然石像，故又稱為石觀音寺。桃園每年還會舉辦石觀音文化節，盛況可見一斑。

高雄楠梓慈雲寺供奉全金身十一面觀音，造型為臺灣現在少見的男身觀音，是魏晉時期的小鬍鬚風格。

（左上）臺中谷關的古靈寺，供奉著一尊在日據時代雕塑完成的石觀音像。
（右上）新莊慈祐宮後殿奉祀的觀音像。
（下）臺南市大觀音亭所祀奉的金面觀音。

媽祖天后

世界級女神

祂是航海女神，也是深入庶民生活，和藹可親、可靠
及可私密話語的婆媽，也許，正因為祂不是高高在上
的命運主宰，象徵的也不是帝性統治，所以才能以凡
人之身晉升天后，受皇帝親頌「功與天齊」！祂，就
是媽祖。

媽祖信仰之廣所帶來的小小困擾，就是常讓我們搞不
清楚其眾多的分類與稱謂。然而，這不就是媽祖在臺
灣獨有的文化嗎？

傳說與正史中的媽祖大不同？

「三月瘋媽祖」說明媽祖信仰系統對人民的重要性，再看臺中鎮瀾宮媽祖遶境進香，甚至與天主教宗教彌撒、回教麥加朝聖並列聯合國教育科學文化組織認定的世界三大宗教盛事，可見媽祖不但是臺灣第一天后，也是世界級的女神。

「媽祖」、「媽祖婆」原本是閩南人對女性祖先或家中婆、媽的尊稱（臺灣人說的「祖媽」），後為媽祖婆專用；此外，湄洲媽祖廟原稱「娘媽祖廟」，後來才簡稱為「媽祖廟」，「娘媽」與「媽祖」意思相仿。

▌媽祖到底是誰？

民間流傳的媽祖故事眾多，其中不乏佛教版或誌怪版傳奇，現在普遍採用的是明末清初湄洲昭乘和尚編錄的《天妃顯聖錄》，完整收錄並考證媽祖的傳說、紀事，被視為原始媽祖資料的重要依據，大約編輯於明末，清廷改版過三次。

根據《天妃顯聖錄》，媽祖是宋朝福建省泉州府莆田縣湄洲島的姑娘林默（「娘」是尊稱），自幼茹素習道，善用道術為百姓消災解厄，深受鄉民愛戴，被視為仙人，二十八歲時天命至，於九九重陽登湄峰最高處羽化成仙。其序文即言明，媽祖是觀音大士轉身（另有媽祖曾向觀音習道的傳說）。此外，亦收錄有媽祖收服千里眼（綠色金精）、順風耳（紅色水精）為部將的傳奇。至於保生大帝（大道公）前來求婚，因而與媽祖大鬥法的軼事，則純粹是民間戲曲。

相對於傳說的豐富，正史對媽祖的出身卻無記載。其身世多根據最早的南宋〈聖墩祖廟重建順濟廟記〉及後來的廟誌與地方誌而來：媽祖為林氏，無名諱，是南越一帶巫覡信仰的神職人員，有特殊能力，能為人治病、預測、祈福，死後信徒於福建湄洲島為其立廟祭祀。宋徽宗時，大臣允迪出

媽祖天后小檔案

- 原始資料重要依據：《天妃顯聖錄》
- 漢族史上唯一受敕封的天后：護國庇民妙靈昭應仁慈天后
- 臺灣最常見的臉部顏色：膚色（紅面媽）、金色（金面媽）、黑色（烏面媽）

千里眼與順風耳

千里眼與順風耳是媽祖天后的護法，本名分別為嘉應、嘉佑，是少數陪祀神明當中身為妖怪的。其造型凶惡，目似銅鈴，口露獠牙，衣衫祖露，頭戴類似孫悟空的金箍，是媽祖收服祂們時套在身上的金環。臺中旱溪樂成宮兩位將軍都手持金元寶，小腹凸出，象徵「肚大，錢財王」，面部表情也平易近人，是相當獨特的造型。

大道公風，媽祖婆雨

　　民間戲曲《大道公鬥媽祖婆》中，媽祖臨陣逃婚讓大道公十分火大，便作法下起大雨要澆淋媽祖臉上的水粉，媽祖不甘示弱，也颳起大風要吹落大道公頭上的帽子。「大道公風，媽祖婆雨」指的是大道公誕辰之日會颳風，媽祖婆誕辰會下雨——對方施法作怪。後來媽祖出巡時，陣仗上的官牌便有一面是「風雨免朝」，以免又下起雨來。不過，「風雨免朝」實因媽祖是航海女神，保佑船家一帆風順，而風雨來朝不利，便賜予免朝。

使韓國，在今東海（當時稱南海）遇海難，船隊中除了允迪所乘船隻有一女神相救，其餘皆沉溺，因而認為是湄洲女神媽祖顯靈，回朝稟報後，徽宗便詔賜「順濟」廟額，是媽祖封神之始，從此在漢族及世界的神壇嶄露頭角。

　　不過，根據中國文革後在湄洲媽祖祖廟出土、且被官方鑑定為真的「元朝石雕媽祖元始金身」顯示，媽祖原始前身是中亞摩尼教的僧伽大師，尊稱為「泗洲文佛」。他於唐高宗時來華，在東南省分傳教，因為摩尼徒著白衣白冠，所以僧伽被視為白衣大士（觀音形象之一）的化身，因此，媽祖可能是摩尼教、佛教、巫覡教、道教混合而成的信仰。對泛神信仰的漢人來說，宗教是融合而非對立，這反而促成了媽祖信仰傳播的相容性。

▌海洋使媽祖走上星光大道

　　中國海岸線一萬八千多公里長，除了擁有重要的漁場與資源，可養牧百姓並提供豐富物資，海上貿易也能帶來收入。中國自漢朝起就展開與異族的航海通商，唐初即設

千里眼與順風耳。

MATZOU

西元一六七〇年由荷蘭人歐佛
爾・達波所繪作的媽祖廟，風
格頗類似希臘祀奉雅典娜的帕德
嫩神廟。

立第一個市舶司——海關；中國的海上貿易被稱為「海上絲綢之路」，以東海、南海航線為主，甚至遠至非洲與歐洲，聯合國科教文組織認定海上絲綢之路起點位於福建省泉州市，也就是媽祖的故鄉，所以海洋促使媽祖信仰興盛的說法幾乎是確立的。

此外，海洋的國防功能更不容忽視，明朝鄭和七次下西洋，不但是漢族宣揚國威的盛事，也是世界史上的大事，更比哥倫布早一百年！鄭和每次出航前都會率領兩萬七千餘名官兵祭祀媽祖祈求航海平安，場面壯觀浩大，也曾兩次奉明成祖之命到湄洲主持祭祀大典並擴建廟宇。

到了清朝，施琅請出媽祖同行，征服臺澎有功，於是媽祖在康熙年間升格為聖母、天后，一代航海女神至此確立了無可取代的地位。

後來，漢人開始海外移民，媽祖信仰便隨著移民傳播到臺灣、東南亞一帶，成為海洋地區漢人必然尊敬的神明，而媽祖文化也因而遍地開花，終成世界級的宗教盛事！

要叫媽祖娘娘，還是媽祖天后？

媽祖被十四個皇帝敕封過三十六次，是漢族史上唯一敕封為天后者，所以請記得——不是「媽祖娘娘」，是「媽祖天后」或「天上聖母」喔！

另外，女性神明被尊稱為「元君」，而朝廷正式敕封女神尊號的等級（由低至高）依序為：夫人、妃、天（聖）妃、真君、聖母、太后、皇太后、天后；至於母、娘、婆、媽等，僅是民間親暱的稱呼。以下為媽祖受敕封等級上的晉升與演變。

夫人 ▼	宋徽宗賜「順濟」廟額後，宋高宗封「崇福夫人」
妃 ▼	宋光宗敕封「靈惠妃」
天妃 ▼	元世祖敕封「護國明著靈惠協正善慶顯濟天妃」
聖母、天后	清康熙敕封「護國庇民妙靈昭應弘仁普濟天上聖母」、「護國庇民妙靈昭應仁慈天后」

▊ 媽祖在臺灣的神蹟

　　神明受敕封，除了史地、文化、政治
原因，另一個重要因素便是顯靈與神蹟。
媽祖的神蹟不勝枚舉，《天妃顯聖錄》有
詳細記載，此書第三次改版時，將神蹟事
項一直追加到雍正時期，其中，也有一些
與臺灣有關。

一九三五年由日本人宮地硬介編
著的《臺灣名所案內：郵便名勝
スタンプ付》中，北港朝天宮媽
祖像郵戳印。

　　康熙派施琅攻臺前，先敕封媽祖為天妃以求海戰順利，
果然，攻克澎湖、臺灣之戰，都蒙媽祖與千里眼、順風耳顯
靈相助，所以戰後又敕封媽祖晉升天后。之後，康熙御史孟
劭前往臺灣視察遭遇颱風，幸蒙媽祖解救。另外，臺灣的反
清革命林爽文之亂、海盜蔡牽之亂也獲媽祖協助平定，更不
用說媽祖不計其數解救的船難了。

　　媽祖因為這些神蹟而奠定無上的信仰地位，但其背後仍
有其政戰上的操作，原本明鄭信奉的是明朝戰神玄武上帝，
然而，清朝皇帝藉由在臺灣有廣大信仰的媽祖顯靈來彰顯媽
祖，以其地位壓制明朝國神及復明精神，同時也安撫臺灣住
民的人心。

　　民間當然也有許多關於媽祖神蹟的精彩傳說！馬祖，就
是因為該島信奉媽祖而被稱為「媽祖島」，軍政時期政府才
更名為馬祖。傳說中，媽祖為拯救遭受海難的父親而罹難，
聖體漂流至閩江口，被馬祖居民撈起，馬祖南竿天后宮宣稱
該廟的靈穴便是安葬媽祖聖體石棺的地方，如見該廟發出紅
光，便知媽祖又要去救難了，馬祖的媽祖宗教文化園區戶外
的媽祖雕像，曾是全世界最高的媽祖像。

　　在二次大戰期間，美軍空襲轟炸日軍在臺灣的基地與建
設，但是多有未爆彈，便產生因為媽祖顯靈伸手或用裙襬接
住砲彈，使廟宇或周邊民、房安然度過危機的說法，如大甲

 **全世界最高的媽祖
神像在哪裡？**

有兩說，一是桃園新屋天后
宮，二是苗栗竹南龍鳳宮，
內政部採用後者。

鎮瀾宮、朴子配天宮，乃至各地類似傳說眾多。至於死而復活、救人無數等神蹟傳說，更不在話下。

■ 臺灣人這樣叫媽祖

大家一定常聽說媽祖還有大媽、二媽、三媽……這是依照廟裡神像雕塑時間前後來依序編號的。一般來說，最早的「開基媽」是「鎮殿媽」，置於大殿讓人祭拜，這是大媽；鎮殿主神座前經常有陪祀的神像，這是二媽；進香、遶境或辦事時，鎮殿媽和二媽如果外出了，廟中豈不無主神？所以另外再做一尊「出巡媽」，這就是三媽了。因此，臺灣俗諺便說：「大媽鎮殿、二媽吃便、三媽出戰。」

信徒愛媽祖，瘋組後援會

另外，有些廟宇還有媽祖會會長、每年輪流做莊的正副爐主、信徒請神像回去供奉等，所以就會多到六、七，甚至八、九媽了。編號眾多的媽祖中，有各自信徒組成的「後援

一九三五年「始政四十周年紀念臺灣博覽會」期間，請北港朝天宮媽祖北上遊行。

會」，其中因為三媽最常負責出巡，所以「三媽會」是最常聽聞的；另外「六媽會」組成較晚、較年輕，但相傳媽祖在家排老六，所以是六媽，因此在媽祖會裡也頗為活躍。

不同祖廟來的媽祖

目前全世界有近五千座媽祖廟，臺灣有約六百座，很多人認為皆分靈自湄洲島，實則不然，而是端視當初先民攜入或新近返鄉迎回的神像或香火來自何處。

經不斷溯源，依祖廟所在地，可分為：湄洲島分香者稱湄洲媽、泉州三邑分香者稱溫陵媽、同安縣分香者稱銀同媽、安溪縣分香稱清溪媽、漳浦縣分香稱烏石媽、長汀地區分香稱汀洲媽、興化地區分香者稱興化媽……名列基隆三大廟及基隆八景之一的慶安宮媽祖廟，便號稱是全臺唯一同時供奉湄洲媽、泉州媽、漳州媽的媽祖廟。

鹿港天后宮的三尊媽祖神像，由前而後依序為：進香媽、鎮殿二媽、鎮殿媽。

駐紮各地的媽祖

臺灣民間也會以媽祖廟所在地稱呼媽祖，如北港媽、新港媽、大甲媽……媽祖信仰盛行於海洋國家，一開始發揚於濱海港口，面向海洋保護舟船，稱為「港口媽」；久之進入內地稱為「內山媽」，有的面向山下疏濬山洪，有的面向山內防範原住民來襲，譬如有「山中媽祖廟」之稱的臺中新社福天宮，便是當地九個莊的內山媽信仰中心。

神界的百變天后

　　媽祖是臺灣最受歡迎的神明，造型、稱謂也最繁多。臺灣傳統的媽祖聖像多是雕成福泰的太后形貌，這是順應媽祖是天上聖母、天后的意涵去形塑的太后形像；而中國則流行將媽祖形塑成綽約、粉面的年輕妃子像，以呼應祂二十八歲升天的說法。

　　然而，不論臺灣天后像或中國妃子像，冠冕前一定都加有天帝級才能配飾的珠串，以彰顯祂的天后地位。

　　臺灣媽祖的臉部顏色常見的有三種，分別為膚色（粉面媽）、金色（金面媽）、黑色（烏面媽）。

　　膚色是人格化的表現，意在親民，是臺灣神明中最常見的；金色是得道象徵，有至尊無上之意，只有天帝級神明或佛祖才會用上，媽祖是唯一天后，自然可以用金面；至於黑面，臺灣神像除了原始造型就是臉部黑色（如包公、中路財神爺）或黑銅、黑木、黑石雕塑原色呈現（如清水祖師爺）

（左）新莊慈祐宮的鎮殿媽祖為粉面媽祖，並同祀有黑面媽祖。
（右）臺南市大天后宮的鎮殿媽祖（金面）。

外，極少刻意臉部漆成黑色，所以「烏面媽」是媽祖崇拜中廣為流傳的特殊信仰，甚至有學者認為，烏面媽在臺灣媽祖裡所占的比例最高。

烏面媽的來源說法有二：一是鹿港天后宮香火鼎盛，媽祖神像長期受香火薰陶，從粉色變成烏黑色，因此稱為「烏面媽」；二是特意漆成黑色，以顯救苦救難的莊嚴神聖。

此外，還有一說較少為人接受，漢族習俗閨女未嫁而亡或死於非命是為陰神，而媽祖升天時為閨女，因此以面部黑色呈現。

此說自當有爭議，妙善公主（漢族的觀音化身）也是閨女，一票仙姑也都是閨女，皆未因此而以烏面呈現；死於非命的更大有人在，保生大帝墜谷而死、李白和屈原都是溺斃的、岳飛則是被毒死……也未見以黑面呈現。

 臺灣年輕妃子形貌的媽祖神像

近來臺灣因為與中國三通的關係，開始流行中國年輕妃子媽祖像，如俗稱「雞籠媽祖廟」的基隆慶安宮外庭矗立的媽祖神像、桃園新屋天后宮號稱全臺最高三〇‧五公尺的青銅媽祖神像、北港朝天宮文化大樓頂樓的媽祖景觀公園、馬祖媽祖宗教紀念園區高二十八‧八公尺的媽祖戶外塑像、金門料羅灣媽祖公園等，都援用中國湄洲島媽祖文化公園的年輕妃子立姿像，粉面、著盛唐宮廷長衫、手捧如意。

媽祖不愛胭脂水粉當供品？

祭 祀 檔 案

一般人拜女神，尤其是家庭、感情的守護神，例如七娘媽、九天玄女、城隍夫人等，有時候會準備神明用的胭脂水粉，讓祂打扮得美美的，但是在臺灣，卻很少人會用化妝品來祭拜媽祖……

農曆三月二十三日是媽祖的聖誕，在此之前，各媽祖廟便會開始進香。進香有三個意義：謁祖、靖綏四境、拜訪友宮，而這時也就是全臺瘋媽祖、祭拜媽祖的巔峰。

▌素食為佳，元君化妝品就免了

祭拜媽祖並無特殊之處，但記載中媽祖從小茹素修道，臺灣分靈最多的北港朝天宮，因為神像是由樹璧和尚攜入，所以廟方採佛教祭祀科儀（但未規定信徒須以素食祭拜），若明瞭這些歷史淵源，祭拜媽祖時用素食才恰當。

此外，打從清朝起，民間就流傳著一個傳說：遇危難時呼媽祖聖號，媽祖會立刻顯聖，若呼天妃、天后，媽祖就須盛裝打扮，時效會差了點。這固然只是個擬人化的傳說，但確實很少人用元君化妝品祭拜媽祖，可見百姓心目中的媽祖是救苦救難的莊嚴神尊，而非二十八歲的年輕女神。

臺灣的媽祖首廟

湄洲媽祖廟——朝天閣，興建於北宋宋太宗時（九八七年），是世界最早的媽祖廟，也是全世界各媽祖廟的祖廟。臺灣澎湖縣一六〇四年（明朝）興建完成的澎湖天后宮則是

臺灣第一間媽祖廟，縣府所在地馬公，就
是由臺語「媽祖宮」（媽宮）的簡稱改變
而來，這是學界目前唯一公認臺灣最早的
媽祖廟。

　　至於臺灣本島誰是開臺首廟，目前倒
是沒個定論，全臺香火最旺的北港朝天宮
與鹿港興化天后宮孰為正宗開臺就爭議了
頗久。

北港朝天宮媽祖出巡的八家將。

　　據考證，一六九四年，清朝中國樹璧和尚攜帶一尊湄洲
媽祖廟裡的軟身神像（關節可活動的神像）來到笨港建立天
妃廟，並於一七〇〇年完工，即今雲林縣的北港朝天宮。

　　而一六八三年，清廷派施琅攻臺，施琅請出湄洲媽祖廟

媽祖進香兩大重頭戲

　　苗栗白沙屯拱天宮與臺中大甲鎮瀾宮的媽祖進香，同列為中華民國文化部「國家重要無
形文化活動資產」，也是媽祖進香的兩大重頭戲，但兩者仍略有不同之處：

	特色	路線	目的地	時間	行銷
白沙屯媽祖	近兩百多年歷史，傳統風味	只有起駕日、刈火日與回宮日事先知曉，路線則不固定，隨媽祖鑾轎當下的靈動（非擲筊）前進，是其最大特色	從苗栗通霄至雲林北港朝天宮	行程六到十一天不等，以事前向由媽祖擲筊決定	結合白沙屯文化藝術季
大甲媽	不斷加入現代元素，為全臺最大進香團，並列為世界三大宗教盛事	行程與路線事先排定，目的地曾更換	從臺中的大甲出發。一九八七年前往雲林北港朝天宮；之後改至嘉義新港奉天宮	隨著時代而不同，目前活動長達九天八夜	結合臺中大甲媽祖國際觀光文化節

參考資料：白沙屯媽祖婆網站、大甲鎮瀾宮官方網站

澎湖天后宮正門與廟名牌匾。

二媽同行，這尊神像目前保存於一九二五年興建完成的鹿港天后宮，即聞名遐邇的烏面媽。

從以上的事蹟來看，北港媽祖廟確實比較早建，但身分是分靈不是開基媽；鹿港媽祖廟雖晚建一步，但卻是祭奉正身開基媽。

另外要說明的是，湄洲六尊開基媽祖因移民攜出，中國只剩兩尊，而且都毀於文化大革命，其餘散佚海外的四尊除鹿港媽外亦不知所終，因此鹿港媽是目前全球唯一僅存的開基媽。

另一史料顯示，成立最早的臺灣島媽祖廟是臺南市開臺天后宮，建於明永曆十七年（一六六二年），媽祖神像還是當年隨鄭成功艦隊來臺的「船仔媽」金身，來頭真的不小，但非出自湄洲祖廟。誰是「開臺首廟」，除了時間先後，還有是否為金身與是否出自祖廟等問題。

臺南市大天后宮是臺灣最早的官建祀典媽祖廟。施琅克臺後，明朝的最後血脈寧靖王朱術桂及他的五位妃子自縊，明朝終於正式結束，而寧靖王府也改建為天妃宮，即今臺南市大天后宮，廟中所典藏的匾額數量據說為全臺之最，其中甚至有光緒御筆「與天同功」匾額，可見媽祖的地位已與天齊。明朝正朔結束於臺南市大天后宮，巧的是劉永福亦將此作為「總統府」，臺灣民主國的正朔也結束於此。

最美的媽祖廟

臺灣媽祖廟眾多，各個歷史悠久，不勝枚舉，以下介紹為人所忽略最美的媽祖廟。

臺中旱溪樂成宮創建於乾隆十八年，後經翻建，被譽為代表臺灣媽祖廟的本土化形制，更表現了臺灣廟宇的藝術特色！宮殿由木作大師陳應彬（清末至日治）設計製作，不

全臺皇帝敕封最多的媽祖廟

嘉義朴子配天宮是全臺皇帝敕封最多的媽祖廟，連千里眼、順風耳、虎爺都由乾隆皇帝敕封，是唯一一戴官帽、穿著官服的將軍和虎爺。此外，嘉慶皇帝還御賜燈花，也是全臺唯一；該宮媽祖神像是由一棵樸樹雕塑而成，而樸樹的根部仍留於地中，故稱「搬不動媽祖」。

臺灣島內三大最古老媽祖廟

臺南開臺天后宮、基隆和平島天后宮，以及新竹香山天后宮，並稱臺灣島內最古老三大媽祖廟。

但美不勝收，許多工法風格影響臺灣往後的廟宇建築形式甚鉅，並被喻為臺灣傳統寺廟建築本土化的原型，可見樂成宮在臺灣媽祖廟與廟宇藝術中奠基的地位。

彰化縣鹿港鎮濱彰工業區的臺灣護聖宮是全世界唯一由玻璃製成的廟宇，仿清朝鹿港天后宮外貌築成，雖然二〇一二年才完工，卻因特殊工法與絢爛景觀而備受矚目，是文創產業與媽祖信仰現代化的楷模，獲選內政部舉辦的臺灣宗教百景，是崛起最快並名列前茅的媽祖廟。

雲林虎尾持法媽祖宮也是一座新興的媽祖廟，完工於一九九七年，被譽為「最美的媽祖廟之一」，藉由人文元素、環保取向，營造出靈性空間，並透過整體靈秀的景觀，將宗教信仰、心靈淨化與藝術創作結合。其中包含景觀、交趾／剪黏、彩繪／書法、木雕、石雕、磁畫、銅藝等七項藝術造景，皆由當代大師親事，不啻為一個藝術殿堂。

夜晚的臺灣護聖宮，更顯得燦爛奪目。

關聖帝君

玉帝還政於民的傳奇

關聖帝君無疑是中國「最神」的神明,從最初的朝廷
敕封、民間祭祀到道教封神、儒家稱聖、佛教護法,
乃至於明、清時期,鸞門群眾運動還倡導關帝由恩主
公升任為第十八代玉皇大帝。所以,關帝代表的意義
絕非拿香跟拜這麼簡單,而是整個漢族信仰崇拜和三
教文化融合的演進縮影,而關帝信仰系統也是神明裡
最龐大複雜的!

三教封聖

人 文 檔 案

　　中國道德的最高成就無非「成仁取義」，其中，孔子倡仁、關帝忠義，分別成為文、武二聖的典範。關帝是武聖，可以護國衛民，因而成為朝廷、三教、民間最共同信仰的神明。神明中，被儒家、道教、漢傳佛教三教所共同接受而祭祀的，只有關帝！

　　關聖帝君（以下簡稱關帝）生於東漢末年，姓名關羽，號雲長，真確的出生時地欠缺足夠史料確認，現在採用的是西元一六〇年農曆六月二十四日，出生於現今山西省運城市解州鎮。

　　解州旁有一鹹水湖，以產鹽聞名，關羽年輕時曾擔任運鹽隊的護衛，後來因仗義犯法逃到河北涿郡，認識了劉備、張飛，三人於桃樹園裡發誓結義，一起投入征討黃巾賊的行列，從此展開傳奇的一生。

　　依《三國志》等諸多正史的記載，祂智勇無敵、忠義不移，身懷愛國情操，個性行事昭烈，襄助劉備匡扶漢室，位至前將軍，封漢壽亭侯，至六十之齡仍騁馳沙場，最後敗走麥城不降，被孫權於臨沮斬首，殉節就義，被公認為中國的第一戰神。

　　說關羽被神化全是因為明朝的《三國演義》，其實並不完全正確，雖然關帝的形象與史蹟的確在當中被重新形塑，但早在明太祖開國之前，關帝就已經被歷代皇帝敕封了十一次，其道德與功績也早為世人尊崇。

　　明朝之後，因《三國演義》推波助瀾，關帝的地位大躍進，再度受封二十六次，明萬曆皇帝敕封「三界伏魔大帝神威遠震天尊關聖帝君」，首次晉升至帝級與天尊，是史上唯一受封為天尊的聖賢。

　　清咸豐皇帝追封三代祖先為王，僅次孔子追封五代祖先為王。

關聖帝君小檔案

● 歷史上唯一受封天尊的聖賢：三界伏魔大帝神威遠震天尊關聖帝君
● 別稱：關帝、關公、關老爺、三界伏魔大帝、昭明翼漢天尊、協天大帝、文衡聖帝、山西關夫子
● 其他身分：戰神、商神、文昌神、迦藍神、義財神、恩主公、玄靈高上帝

Quantekong

關帝是史上唯一受封爲「天尊」
的聖賢。此圖爲一六七〇年由荷
蘭人歐佛爾 · 達波所繪作的關
帝與其副將周倉。

▎關帝為何能夠一直晉升？

　　道教稱呼關帝為關聖帝君、三界伏魔大帝、昭明翼漢天尊。道教有很多帝君、大帝，甚至還有一位玄天上帝（真武蕩魔天尊），若以位階來分，以關帝和玄天上帝之「天尊」為最高，甚至高出玉皇上帝（「天尊」在道教是超乎所有神階的創世位階），只是傳統道教不敢逾越法理，仍以玉皇為最高主宰；然而，關帝為三界大帝，因此具有天、地、人三界統轄能力。

　　明朝道學興起，倡導三教融合，於是民間「以儒為宗，因神設教」、非道教的鸞門系統興起；到了清朝中期以後，國運衰敗，瀕臨滅國，末日思想促使鸞門出現換神當家的新信仰。

　　據清道光年間鸞門流傳的《關聖帝君救劫文》所載，因世道中落，善人千中難尋十人，玉皇大帝於是有意將作惡眾生收盡，但經關帝聚諸眾神苦求，玉帝乃方罷休，並賦予關

明朝	明清鸞門中的關帝信仰開始認為玉帝居五天的中天，關帝居於南天，是玉帝殿前首相，因此，現在很多關帝信仰的名稱與「南」、「協天」相關。
清朝	1. 傳出關聖帝君為恩主公來拯救百姓的說法。恩主公是救世主之意，並非關帝的別稱，而是另一種分支信仰。 2. 「天上換玉皇，地下換閻王」一說出，關聖帝君又被傳於清同治三年接任第十八代玉皇大帝，稱玄靈高上帝。原玉皇大帝功德圓滿，禪讓後回歸逍遙無極天，稱玄穹高上帝。關帝接掌玉皇職位，政權從此還政於民，代表的是一種天人原本合一，人只要修練、修德、修心，便能與天同齊的觀念，突破神權統治的框架。 3. 民間有一部分接受鸞門發展出的新關帝崇拜，集大成的表現為明末清初的《關聖帝君覺世真經》，該經先後以下列聖號恭請關聖帝君寶誥（傳達神明聖意的文體）：南天文衡聖帝、關恩主、伏魔大帝、昭明翼漢天尊。

關帝智勇無敵、忠義不移，身懷愛國情操，個性行事昭烈，被公認為中國第一戰神。

帝教化救渡蒼生之責，從此，關帝變成了萬民的救世主——恩主公。

■ 文衡聖帝──儒教中的關帝

　　儒家原為學術教派，但因敬天法祖、崇尚禮法與祭祀，且自漢後被列為國學，歷朝歷代皆有正式儀典與祭祀通行於全國，雖無明顯神明信仰，仍自成一教。儒教祭祀分為國家法定的文廟文祀、武廟武祀，以及民間的文昌祠祭祀。清朝順治皇帝制定關帝的祭祀為春秋二祭；乾隆皇帝封關帝為山西關夫子，關帝成為國家與儒教的祭祀對象就此法定化；乃至民國初期，關帝仍與孔子並列為政府的文、武二祭。

何謂「鸞門」？

　　其主要教義為宣導儒家思想，但又在佛、道神明之上另設最高主宰，其科儀不同於道教和乩童，以神仙降鸞（降筆）的方式來傳達神明意旨，因認為神仙乃乘鸞降臨，故名鸞門，或稱儒宗或儒門，但是不可稱為儒教（儒教為儒家之別稱）。所在處所大的稱宮廟、小的稱佛堂，降鸞場地稱為鸞堂，亦稱儒壇；信徒稱為鸞生，慣穿青衣長袍。

　　鸞門沒有統一的組織，白蓮教、一貫道、恩主公、玄靈高上帝、無極系統皆屬之，但因各立教團，差異極大。鸞門強調三教合一，並將科儀簡化，戒除血祭，力行素食，是宗教改革的表現，但在融合佛道思想過程中有扭曲經典原意的做法，所以未能被佛、道所認同。

我們在廟裡看到的文衡聖帝指的就是關帝。

在民間部分，儒家一向「敬鬼神而遠之」，只遠觀，不近翫，但聚集學子讀書的書院仍會祭拜文昌帝君，祈求功名順利。

又因天上有五顆文昌星，以及泛神的信仰，神明愈拜愈多，文昌帝君大約於宋朝時發展成五文昌——文昌帝君、文衡聖帝、呂洞賓、魁斗星君、朱衣神君（見「五文昌帝君」篇）。其中，文衡聖帝就是關帝；關帝喜讀《春秋》，恪守法禮，是儒學道統的擁護者與捍衛者，因此被人們敬稱「山東孔夫子，山西關夫子」。

明末鸞門《桃園明聖經》記載，關聖帝君是紫微宮裡的朱衣神，協管文昌、武曲星，同時代鸞門也興起南天文衡聖帝聖號，因為這兩個說法更符合文昌精神，儒家便以「文衡聖帝」稱呼五文昌裡的關帝。

■ 伽藍神有多大？——漢傳佛教中的關帝

佛教是外來宗教，漢傳佛教雖已漢化，但因為教義獨樹

一格，所以只吸納了關帝為「伽藍神」（藏傳佛教則是將關帝吸納為格薩爾王、噶瑪漢神、雲長王）。

「伽藍」即佛教寺院的音譯，伽藍神即佛教寺院監護之神。道教有五百位護法神——靈官，以及五位靈官統帥——五顯靈官，是護法神階級最高者，佛教伽藍神就相當於道教的靈官統帥。在佛教裡，總共只有二十一位伽藍神，地位重要，有伽藍殿、早晚日誦的《伽藍讚》。

漢傳佛教典籍多有記載關帝成為伽藍神的經過，正式官方典籍——清朝《關帝志・靈異・建玉泉》記載，關帝被斬首後化為遊蕩野鬼到處作亂，後來受到智者（智顗）大師渡化，終至為成伽藍神，但其說法歸為「靈異」類，顯然非正史。較具史實的說法是，南北朝與隋代是佛教興盛之時，但也天下大亂，政權屢屢更迭，此時最需忠義精神來鞏固政權與安定社會。隋開皇十三年，智者（智顗）大師奉詔在當陽玉泉山建寺，由於關帝身塚也在當陽，便因天時、地利、人和被拔擢為玉泉寺伽藍神，並建伽藍殿供奉。後來，中土伽藍關帝就取代了原本的二十一位伽藍神。

宋朝時，中土佛教寺廟開始以韋馱為護法，接著便演變成以韋馱、關帝為左右護法的中土傳統，而伽藍神也從被供奉，變成像是侍衛一樣的左右護法。韋馱原是印度婆羅門教的天神，為四大天王三十二將領之首，後來佛教將其變成護法神，同時也將在賢劫之末成為第一千位也是最後一位佛祖，關帝與之同為左右護法，自然也有類等的地位。

韋馱伽藍與關帝伽藍左右護法。

關帝的陪祀和配祀

在桃園三結義中關帝和劉備、張飛是三兄弟，劉、張常被誤解成是關帝的兩位侍從陪祀。其實，關帝的兩位陪祀：龍邊斯文白面、手拿官印，是祂的大兒子關平，《三國演義》寫成是祂的義子，經常被誤解為劉備；虎邊虯髯黑面、手握關刀，是祂的副將周倉，經常被誤認為是張飛。在道教系統裡稱關平為太子、周倉為將軍，在恩主公系統裡則稱為聖恩師。

至於恩主公信仰，則有三尊與五尊之分，但都以關帝為首（恩主公名剎中，只有臺北木柵指南宮以呂洞賓為主神）：

三尊 { 關聖帝君
　　　孚佑帝君（呂洞賓）
　　　司命真君（灶神）

五尊 { 關聖帝君
　　　孚佑帝君（呂洞賓）　＋
　　　司命真君（灶神）

張仙大帝（送子神、送祿神）
豁落靈官王（道教護法三十六天君之首）
岳武穆候（岳飛）　　　　　　　} 其中之二
文昌帝君
玄天上帝
媽祖

赤兔馬是關帝的另一位「兄弟」，關帝被殺後被轉送給生擒關羽的馬忠，但馬不願屈敵，最後絕食而死，並因此傳頌千古。一些關帝廟亦設有赤兔馬神像。

關帝的兩位護法——關平（右）、周倉（左）。

隋代玉泉寺開寺以關帝為伽藍神；後來，南宋高宗敕頒
「顯烈」廟額；相傳元世祖因尊崇佛教，封關聖帝君為佛教
監壇，這是關帝在佛教地位法定化的開始。

▌ 商場和江湖中的關二爺

關帝一生官場戎馬，封神後成為民間商場與幫會供奉之
神，這恐怕是祂始料所未及！漢族民間傳說關帝是財神爺，
這應是「商神」的誤解。世界歷史上有三大商人，分別是：
猶太商、威尼斯商與漢族的晉商──山西商人，自堯舜時代
起就是著名的商隊，關帝也是山西人，晉商自然供奉關帝，
亦因晉商而得到商神的封號。

軍警祭拜戰神關帝是天經地義的事，但與軍警敵對的幫
會祭拜的也是關帝！幫會分子不遵守社會規範，所以內部必
須神化忠義價值並進行威權統治，免得小弟砍大哥等「不符
合江湖道義與倫理」之類的事經常發生，因為關帝最重兄弟
情義，個性昭烈驍勇，自然被幫會分子奉為偶像，但幫會不
稱關聖帝君，因為帝君是官，也不稱關老爺，而是關二爺，
以彰顯長幼倫理。不過，關二爺對上伏魔大帝，氣勢就略遜
一籌，自然邪不勝正了。

多種造型，一樣紅臉

關帝因為有太多身分，所以造型多變，展現不同的象徵意義，但共同之處便是《三國演義》的描述：「丹鳳眼，臥蠶眉，面如重棗，身長九尺五寸，髯長一尺八寸。」

關帝的造型特徵是：丹鳳眼、臥蠶眉、面如重棗、髯長一尺八寸。

關帝的造型因有一些共同之處，大體而言極易辨認，但因其多重身分，還是有不少展現不同象徵的造型。

文衡聖帝、商神、一般家中祭祀的關帝是持《春秋》的關帝，沒有武力傾向，彰顯文貴、忠義與保佑意義。

至於伏魔大帝，則持青龍偃月刀，象徵驍勇善戰，刀頭向上，表示斬妖除魔；刀頭向下，表示不好殺，僅為鎮壓。

關帝頭戴的冠冕有帝王帽、便帽兩種，這只是官服與便裝打扮的不同，意義上無太大差別。

如果是戴玉皇上帝的十二行珠冠冕旒，則是玄靈高上帝。

佛教中的伽藍神則是手持寶劍，跟一般佛教神明一樣，眾寶妙衣上有許多冠帶、瓔珞、彩帶，象徵華貴，並有飄然的感覺。

關帝身分眾多怎麼拜?

> 祭拜關帝同一般神明,但關帝是戰神、是文衡聖帝,還是恩主公、玄靈高上帝,有一些眉角還是要留意一下喔!

祭拜關帝同一般神明,但關帝是戰神,不拜楊桃,以免「揚長而去,逃之夭夭」;有些人因為關帝是戰神,所以祭拜菸酒檳榔,這是幫會和特種行業的做法,正當做法「進酒三巡」,過之則非禮。若是祭拜文衡聖帝,則同文昌帝君。祭拜恩主公、玄靈高上帝則為素食,因為臺灣恩主公教團祭祀時是素食,有些恩主公廟順應風土民情有燒紙錢,但其實應是不燒紙錢的。

▌到哪裡去拜「我的」關老爺?

關帝是武聖,祭祀有分官方武祀和民間祭祀。關帝是在清朝成為朝廷武祀的對象,民國初年時則是同時祭祀關公、岳飛,並陪祀二十四名將,後來國民政府取消祭拜武祭,只保留祭孔的文祭。

三大關廟

在民間祭祀部分,河南洛陽關林關羽墓(首塚)、湖北當陽關陵(身塚)、山西解州關帝廟合稱三大關廟。其中,祭祀關帝最旺之地自然在關帝故里解州,解州關帝廟據碑刻記載創建於隋朝,現為清康熙四十一年後重建。

祭祀「關帝」的廟宇

至於在臺灣,清康熙八年(鄭經永曆二十三年,西元一六六九年)興建的臺南開基武廟是最早的關帝廟,因為規模較小,俗稱「小關帝廟」,目前只剩下正殿遺跡修復的部分。臺南祀典武廟俗稱「大關帝廟」,是國家一級古蹟,亦

神君官冕的分類

男性神尊的官冕可分四級:

● 上帝帽:有十二行珠冠冕旒。正統來說只有玉皇上帝能戴,但民間的三官大帝、紫微大帝等先天級神明有時也會加戴。

● 帝王帽:大帝、帝君稱謂者加戴。

● 王爺帽:王爺等級者加戴。

● 相帽:土地公受有敕封者加戴。

岳武穆王
岳飛【岳鵬舉】
(西元1103~1142年)

關聖帝君
關羽【關雲長】
(西元159~219年)

民國初年時官方曾同時祭祀關帝
與岳飛。圖為日月潭文武廟同祀
的關帝與岳飛。

建於鄭氏王朝，後因清朝皇帝頒布祭關規定且封關帝三代為
王，所以大關帝廟便成為清朝官方祭關的官廟，並增設三代
廳，祭祀關帝三代祖先，祭祀規模、文物保留最為完整。

新竹關帝廟建於乾隆四十一年，一九七七年增建岳武穆
王殿祭祀岳飛，所以又稱新竹武聖廟，關廟有時候會陪祀岳
飛，但少見另建岳飛殿。此外，本廟亦設有赤兔馬與牽馬校
尉廂房，並置有赤兔馬爐──這兩者都是關廟少見的特色。

草屯惠德宮的大門前石獅旁，龍邊是赤兔馬、虎邊是牽
馬校尉銅雕，也是其他關帝廟少見的殊勝景觀。

高雄關帝廟從出土文物推斷可追溯至元世祖，號稱有
七百年以上歷史，不過目前認定的還是以臺南開基武廟為臺
灣最早。本廟雖為關帝廟，卻頗有三教融合之勢，除了道教
神明外，還包括儒教的文昌帝君、魁斗星君、倉頡先師，以
及佛教的觀音、文殊、普賢菩薩、十八羅漢、韋馱尊者。關
帝原本即道通三教，如此規模很符合關帝精神。

臺灣非常有名的宗教活動鹽水蜂炮，就是由臺南市鹽水
武廟舉辦。光緒年間因為該地流行瘟疫，所以請出關聖帝君
在元宵節前遶境以驅逐瘟疫，並燃放蜂炮助陣，現今除了變

成臺灣元宵節三大慶典活動之一，也是少數非由王爺，而是由關帝來驅瘟的活動。

全臺香火最鼎盛的「恩主公廟」

恩主公信仰主要發源於中國雲貴，卻在臺灣形成非常獨特而風行的信仰，臺灣恩主公前面都會加上「靈驗」二字，表示感應非常靈驗。

臺北行天宮是全臺香火最盛的恩主公廟，二〇一四年八月首創全臺包含佛寺在內，不燒香、不燒紙錢、不拜供品，廟內甚至沒有捐獻箱，提倡以心香替代供養；雖然不燒紙香、獻供，二〇一五年三月一樣奪得網友票選臺灣最靈驗寺廟第一名，票數贏過第二名五〇％，正神在意的是善念，不是供品；在意供品的是陰靈，不是正神！

臺南祀典武廟中的三代廳祭祀了關帝的三代祖先。

祭祀「玄靈高上帝」的廟宇

在玄靈高上帝崇拜方面，臺中明德宮天聖堂是一個代表，廟宇正殿供奉三恩主公；後殿一樓設有三清殿（以道德天尊老子而非元始天尊為中位）、大成殿（主祀孔子）、大雄寶殿（主祀釋迦牟尼佛），表現出三教合一的鸞門精神；二樓主祭玄靈高上帝；三樓主祭玄穹高上帝（原玉皇上帝）與歷代上帝。

因玄穹高上帝已歸逍遙無極界，所以只有神龕，沒有神像。

玄天上帝

唯一五星上將國神

論職位，玄天上帝和關帝同被敕封為「天尊」等級，
而且是除了玉皇上帝外唯一被封為上帝的神明；論重
要性，玄天上帝是明朝官方祭祀的國神，並隨鄭成功
來臺建立深度信仰；論廣泛性，玄天上帝是全國性信
仰，而非地方信仰神明……

你說，能不好好認識一下這位五星上將國神嗎？

是玉帝的分魂還是屠夫？

玄天「上帝」的上帝並非天帝的上帝，而是高於大帝、帝君的稱謂，百姓俗稱祂為上帝公、上帝爺，不要與玉皇上帝搞混了喔！

玄天上帝原名玄武大帝，宋朝時因避皇帝名諱而改稱為真武大帝，民間俗稱玄天上帝。

玄武是天文四象裡北天的靈獸龜和蛇，所以玄天上帝象徵的是整個北天與玄武七宿，而非僅僅是傳說中的北極、北斗七星或北極星而已。

玄武七宿在《漢書‧天文志》記載為「北宮玄武」，包含了斗、牛、女、虛、危、室、壁七宿。

天文四象與二十八星宿。

■ 武當派與玄天上帝

元末明初，道士張三豐崇尚武神玄天上帝及陰陽太極，創立武當派，使玄武和陰陽太極產生連結，玄武圖像便逐漸變為龜蛇交纏，龜圓是陰，蛇長為陽（以生殖器形象論），龜蛇交纏則象徵陰陽合抱與太極一體，所以，玄天上帝還是漢族武術之神呢！

漢族以華北地區為主要政治中心，且與北方民族交戰數千年，屢遭叩關，甚至直搗皇城，因此北天玄武自然成為非常重要的崇拜，而且是國防武力的崇拜。

五行中北方主水，所以玄天上帝不但是武神，同時也是水神，舉凡江湖、海洋之水利、戰事等，祂與媽祖一樣都是主要神明，而且屢屢顯聖幫助國家建立奇功，受到朝廷最崇高的敕封和祭祀。

玄天上帝小檔案

● 原名：玄武大帝
● 俗稱：上帝公、上帝爺
● 主要傳說的原型：《北遊記》
● 臺灣信仰的大本營：臺南

072

從國神降為屠夫

北天玄武和其他自然崇拜一樣被神格化，從唐朝時開始被敕封。元朝蒙古人來自北方，敕封其為「元聖仁威玄天上帝」，這是漢族除了玉皇上帝外唯一的上帝稱謂，象徵元朝的無上地位。

明朝更是玄天上帝最輝煌的年代；朱元璋興起於淮泗一帶，那裡因為武當派的關係崇拜玄天上帝，朱元璋順應當地信仰，玄天上帝因而成為明朝水師主神和國家戰神，被敕封為「真武蕩魔天尊」，晉升為天尊。後來朱元璋的四子朱棣反對削番，發動戰役奪得王位，七度出使鄭和下西洋，因此極度崇拜水師戰神玄天上帝，大肆興廟，使得玄天上帝在明朝成為最龐大的信仰，是為國神！

到了清朝，因為滿族來自北方關外，欲藉由清算反對北方民族的神明來消滅反清意識，如抗金名將岳飛，助明反元的玄天上帝當然也被打壓，所有玄天上帝廟被清廷收管，臺南大上帝廟後方就被改建，供士兵和相關人等居住。此外，清廷還散布不實故事，刻意把玄天上帝從玉帝的一魂變成一個凡人屠夫李玄晃。

故事是：

李玄晃有感殺生罪孽太重而入山修道，一日觀世音在河邊化成產婦，請其幫忙洗滌產後血汗。生命的誕生讓李玄晃頓悟殺生業障難以彌補，便剖腹掏出自己的腸胃，以為謝罪。

雖然因為赤誠堅心，李玄晃最終仍得道，但其腸胃卻化為蛇精和龜怪在水中作亂，所以便親自收服蛇龜二怪。

因為政治因素，清朝

龜蛇交纏的玄武圖像。

左、右腳分別踩著蛇、龜的玄天上帝。

以降階版的故事包裝玄天上帝的身世，並流傳至今，反而變成玄天上帝故事的主要傳說，甚至被眾多廟方採用。

▊ 玄天上帝的真實身世

　　欲了解玄天上帝的出身與事蹟，一定得參考明朝《北方真武祖師玄天上帝出身全傳》（即《北遊記》）的說法，它是現在玄天上帝主要傳說的原型。書中指出玄天上帝是玉皇上帝三魂中的一魂轉世：

　　●**第三世**：名為李玄晃得道，玉帝封其為「金闕化身蕩魔天尊」，掌九天太陽宮，管三十六員天將，賜龍袍、七星劍、七寶冠及繡墩座──此為目前流傳玄天上帝神階、職權與造型的由來。

　　●**第四世**：至武當山修道，師父為其剖腹掏腸，換上仙體，得道後玉帝封為「玉虛師相北極玄天上帝」，在人世間收服妖魔，並制伏了在水中作亂的龜蛇二怪──此則為現在流傳玄天上帝剖腹掏腸及收服龜蛇故事的原型。

全副武裝，卻光著腳丫，手上的七星劍還沒有劍鞘？

造型檔案

傳說玄天上帝急著收拾龜、蛇二怪，連鞋子都來不及穿上，象徵戰神動作迅速至上；祂手握七星劍，卻沒劍鞘，象徵隨時在備戰狀態。

現在玄天上帝的造型大約依照《北遊記》所述，不過不著寶冠、龍袍，改著盔冑，以更符合戰神的形象，左、右腳分別踏著被祂收服的龜、蛇二精。

玄天上帝的七星劍是沒有劍鞘的，此外，和關帝與其他持刀劍武器的神明一樣，若劍是舉起的，便是斬妖之像，如果是下按的，只有鎮壓之意。

至於民間家裡祀奉的上帝公神像，大多只做舉劍手勢但沒有劍身，以消除尖銳肅殺之氣，只取其英勇與保護之意，與關帝持《春秋》的意思一樣。

玄天上帝造像。

跟呂洞賓借七星劍不還

玄天上帝的七星劍沒有劍鞘，引發小說家的想像力，因而延伸出小道故事。

玄天上帝為了收拾蛇、龜二妖，便向呂仙祖借七星劍，但任務完成後為了繼續執勤，玄天上帝拖延不還劍，可是只要一鬆手劍就會自動飛回劍鞘，所以祂只好一直把劍握在手上；巧的是，民間的呂洞賓畫像，有些也真的只畫呂仙祖背著劍鞘，但沒有劍身！另有一說，劍是向保生大帝借的。

這些當然只是民間傳奇、飯後笑談，因為在《北遊記》中，玄天上帝已被玉帝御賜七星劍，並不用向人借，而這也是祂造型持七星劍的原因。

拜上帝公不可不知武當山

> 武當山不但帶起了玄天上帝信仰風潮，並建有九宮八觀等三十三建築群，最盛時期廟宇達兩萬餘間，如今還是世界遺產呢！

在中國，最有名的玄天上帝廟當屬供奉玄天上帝為主神、並帶起信仰風潮的武當山。

▍世界遺產——武當山觀群

明成祖徵民伕三十萬人在武當山建九宮八觀等三十三座建築群，後代皇帝又加以修建，並按照「真武修仙」的故事布局，展現天人合一的思想，最鼎盛時廟宇兩萬餘間，聯合國教育科學文化組織將現今武當山觀群列為世界遺產。其中，最負盛名的是明太祖敕建的太和宮，它的主殿——金殿是純銅製造，外鎏赤金，展現戰神的浩天氣度和無比尊貴！

福壽康寧園景區是武當集團興建的公園，園中的龍泉觀是武當八觀之首，觀前有一座武當山古香道最長的石橋，由於古橋橫跨九渡澗直達山上的天庭，所以取名為天津橋。

▍臺灣的玄天上帝廟

臺灣的玄天上帝信仰由明鄭政府大量帶入、提倡，明鄭以臺南為首府，故臺南為玄天上帝信仰的大本營，而安平沿海一帶因地形酷似玄武（蛇與龜），因此是玄天上帝廟的集中區域，其中以臺南北極殿（大上帝廟）、開基靈佑宮（小上帝廟）為代表。

臺南市北極殿位於府城地勢最高的鷲嶺上，是臺灣歷史最久、唯一明朝官方祀祭的玄天上帝廟，廟中明寧靖王永曆二十三年（一六六九年）所書「威靈赫奕」匾額是全臺歷史

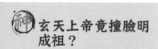

玄天上帝竟撞臉明成祖？

玄天上帝是明朝國神，所以和明朝皇帝相關的傳說也很多。明成祖出兵奪位，傳說是受到玄天上帝的指示，甚至傳說明成祖是玄天上帝轉世，所以當時玄天上帝神像的面部便是依照明成祖的臉去雕塑的。

這招朱元璋也用過，為了加強神權統治，一開始他的肖像臉部以類似龍頭的形象去繪畫，這些無疑都是借助神權迷信來鞏固君主政權的伎倆，在漢族神明興衰更迭史上屢見不鮮。

最悠久的古匾，而以兩條金光浴火神龍為門神的川門，也是臺灣最早的神龍門神，可謂文物薈萃。清朝時因朝廷的打壓，北極殿一部分廟地被改為軍用（今改為後殿及兩廂），日據時代與國民政府時代又因拓建馬路拆了部分廟體，便成了今日模樣。

南投縣名間受天宮位於松柏嶺重山疊翠之中，風景優美仿若仙地，這裡也是臺灣知名的茶鄉，心靈、天境、茗香相互輝映。受天宮香火是明鄭時期由中國攜入，康熙年間選擇現今「龍蝦見江」的龜蛇吉穴建廟，由此分靈出去的廟壇計四千餘座，有臺灣玄天上帝總廟美譽。受天宮採玄天上帝為玉皇上帝一魂之說，在一樓主殿之上設有玉皇大帝殿，是臺灣道教重地，為全島最大乩童訓練所，也是乩童的大本營。

高雄市左營元帝廟北極亭矗立於蓮池潭水中，外型是高七十二公尺的玄天大帝神像，號稱是東南亞最高水上神像，手執的七星寶劍長三十八‧五公尺，也被稱為天下第一劍，同時是蓮池潭風景區三大景觀之一。

明朝官建大上帝廟 鎮殿 玄天上帝 金身寶

（上）臺南北極殿（大上帝廟）入口。
（下）臺灣是玄天上帝信仰的重要地區，明鄭時政府為清除荷蘭人留下的天主教信仰，大力興建漢神廟，其中以關帝廟和玄天上帝廟為主。圖為北極殿中留存的玄天上帝塑身圖像。

▌麵龜、紅龜粿、豬腸、豬肚不要拜

農曆三月初三是玄天上帝誕辰，上帝級以上的神明如三清道祖、玉皇上帝、三官大帝、玄天上帝因有好生之德，都是以素齋祭拜，誕辰也會準備祝壽食品，但玄武龜蛇被上帝公收服後目前已跟著修行，所以不拜麵龜、紅龜粿；另有人會準備葷食犒賞兵將，這時應避免食物中有豬腸、豬肚，因為此時它們是龜與蛇的象徵，其餘則同素齋禮儀（見「觀音菩薩」章）。

三清道祖
玉帝的太上皇

　　認識三清道祖的人可能不多，可是你不能不認識祂們，
因為祂們是玉皇上帝的老子。如果玉皇上帝是皇帝，
那麼三清道祖便是退居幕後的開國太上皇，雖然不理
世事，卻是整個朝代法源和脈傳的道統，沒有祂們，
就沒有這個國家和法統。

道之始祖

　　漢族文化是世界歷史最悠久的文化之一,是由儒、釋、道三教融合而成的一脈道統,由於三清道祖是漢族「道」的開始、象徵和神格化,所以稱為「道祖」。同時,三清道祖亦為道教的道統象徵。

　　依道教的理論,天地形成是「無極生太極」,無極的真空境界是由元始天王將之轉為太極的妙有境界。元始天王除了將無極轉為太極,自己也「一氣化三清」,將一股真氣化為三股,即為三清道祖,層次由上而下分別是:元始天尊、靈寶天尊、道德天尊,同居於先天無極界——大羅天;三清道祖分居在大羅天中三個不同層次的天界與仙境:玉清、上清、太清,因此稱為「三清」。

　　「三清」這個名稱,最早各見於南北朝陶弘景《真靈位

		天界	仙境	三清道祖
元始天王	大羅天	▶ 清微天	玉清境	元始天尊
		▶ 禹餘天	上清境	靈寶天尊(太上道君)
		▶ 大赤天	太清境	道德天尊(太上老君、老子)

元始天王「一氣化三清」,層次由上而下:元始天尊(中)、靈寶天尊(右)、道德天尊(左)。

業圖》，但順序、結構和現今略有不同，當時「三清」也還不是一個組合——也就是說，三位道祖並非一開始即以組合之姿出現，或是一氣化三清所成，而是各個不同教派的最高神明，後來經過一番演進、整合和政治力的介入後，名稱、順序才定了下來。

三清道祖出現年代表

神尊	出現年代	最早出處與聖號
元始天王	東晉	葛洪《枕中書》稱元始天王
元始天尊	南北朝	陶弘景《真靈位業圖》簡稱元始天尊
靈寶天尊	南北朝	陶弘景《真靈位業圖》簡稱太上大道君，民間稱太上道君
道德天尊	春秋	《道德經》稱老子

　　東晉末年，靈寶派以當時勢力最大的元始天尊為老大，自己教派的太上道君為老二，歷史最悠久的太上老君為老三，成為無極界眾多神明的前三位，可見的最早記載是唐朝的《老君聖蹟》，而三清三神也在唐朝獲得官方和道門的認可和確立。宋朝以後，名稱逐漸演變為現在通稱的「三清道祖」，並以元始天尊之「天尊」為統一聖號，如太上道君因靈寶派而稱為靈寶天尊、太上老君因著《道德經》而稱為道德天尊。

　　在三清道祖之中，元始天尊是開天狀態、「道」的象徵，並未傳道；靈寶天尊將道轉為人間能理解的道法，故為「萬道之主」，也是「經」的象徵；而道德天尊就是老子，老子的《道德經》是道家、道教共同最早與最高的經典，也是這兩家的共同始祖，同時還是漢族正統學術經典之一，如以入世授法而言，道德天尊屬第一，所以是「師」的象徵。

　　漢末佛教傳入中土之際，道教還在形成階段。到了唐朝時，佛教已在官方與民間建立雄厚的信仰勢力，不過因為唐

三清道祖小檔案

●分居不同仙境：玉清、上清、太清
●聖號：天尊
●祭拜時間：冬至、夏至、農曆二月十五日

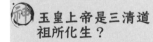
玉皇上帝是三清道祖所化生？

天、天帝、昊天上帝、玉皇上帝，是有形宇宙的源起，是太極的神格化；而三清道祖便是無極的神格化。所以，玉皇上帝是三清道祖所化生的。

老子寫下《道德經》之後，騎著青牛不知所蹤。《老子化胡經》說，老子西出後到天竺收釋迦摩尼為徒，創立佛教，引起佛教徒的不滿，因而進行了三次的「佛道之辯」。圖為宋朝晁補之的老子騎牛圖。

朝是李氏天下，老子也姓李，自然不能怠慢自家祖先，除了唐玄宗敕封老子至「大聖祖高上大廣道金闕玄元天皇大帝」外，也大力倡揚道教，再加上魏晉南北朝一群學術道士的整理，道教理論已經形成，奪回主場優勢，與佛教分庭抗禮——老子可說是道教發展起來的重要原因。

此外，道德天尊老子也是三清中最早出現且唯一史料記載存在過。

▌三清與三藏的關係

道教一開始並沒有統領的組織，直至晉末、南北朝才被學術道士有系統地整理歸納，這時佛教已經興盛，道教便以其最崇高的三清仿效佛教系統，建立了許多規範。

舉例來說，南朝劉宋出現的道教第一部經書目錄——《三洞經書目錄》，就是仿效佛教的三藏與十二部。三洞包括洞真部（即《上清經》）、洞玄部（即《靈寶經》）、洞神部（《三皇文》和其他召喚鬼神的書籍），後人將三洞編目擴充為十二部，總共三十六部。現在說，三清道祖各說經典十二部、共三十六部傳世渡迷津，就是據此而來的。

三清道祖形象的同與不同

三清道祖不戴帝冠或法冠，以示無極逍遙；著道袍（非龍袍），以示道統的象徵。

三清道祖居於無極界，原本無形無相，但因人們崇拜的需要而將其神格化，所以後來也有了形象。

三清道祖手持之物與象徵之意各有不同。

元始天尊的兩個手掌盤起做打坐狀，但兩根拇指舉起兜成一個虛圓（或左手打坐，右手舉起五根手指握成虛圓狀），或手持圓珠，都是象徵無極真圓。

靈寶天尊手持如意，如意是兩頭雲狀、中間細部相連的寶器，象徵真圓開始陰陽分離。

道德天尊手持陰陽寶扇，寶扇上有日月或太極，或扇分左右兩片，象徵陰陽已經分立。

此外，三清道祖身著的道袍顏色也不一樣，元始天尊青袍、靈寶天尊紅袍、道德天尊黃袍。以道法解釋，東屬木為青，乃天地之始；接著木生火，火為紅色，火生土，土為黃色。因此以青、紅、黃表示五行相生之德行。

元始天尊：青袍、圓珠象徵無極真圓。

　　三清道祖造型共同的特色為都沒有戴帝帽，而是束髮，象徵逍遙無極不掌天庭權柄；此外，也不著龍袍而著道袍，象徵是天地「道」的本體。

靈寶天尊：紅袍、如意象徵真圓
開始陰陽分離。

法會時，三清道祖造像是坐在大座上表示蒞臨，平時在廟裡則多是盤坐在壇座上，表示修行禪定。

道德天尊：黃袍、陰陽寶扇象徵
陰陽已經分立。

祭祀三清道祖不能拜李子？

祭祀檔案

三清道祖居無極界，除了道門中人，一般民間居家並不祭拜，也沒有像天公爐一樣的三清爐，但廟宇辦任何建醮、法會時，一定會在最中間、最高的位置擺出三清道祖聖像或牌位，稱為「三清壇」，象徵整個道教道統。

祭拜三清道祖有三個日子：

1. 冬至：一陽復始——元始天尊誕辰

2. 夏至：一陰復始——靈寶天尊誕辰

3. 農曆二月十五日：道德天尊誕辰（史料上老子生日）

其中，於冬至與夏至祭祀，是以此這兩天象徵宇宙的運行。至於供品，由於三清為道統象徵，有好生之德，所以不拜葷食，用鮮花、素果、清茶、菜齋即可，從四供養到十供養不拘（見 P036）。水果避免李子，以避老子姓李之諱。

目前除了道德天尊老子有獨立祭祀外，多見三尊合體：元始天尊居中央，靈寶天尊居龍邊，道德天尊居虎邊，但有一些尊崇老子、《道德經》的廟宇，或非道教的鸞門宮廟，會將老子置於中央，如臺中市明德宮天聖堂。

臺灣民間所能見到的三清廟並不多，但由於三清道祖是萬神之父，所以具規模的三清廟會加上「道教總廟」之名，向所在縣市政府登記，不過多是民國六〇年之後才興建的。臺灣目前登記為道教總廟的有三間，其中主祀三清道祖的有兩間。

宜蘭冬山道教總廟三清宮建於世外桃源的梅花湖山麓，採漢族古典式藝術建築，清靜脫俗卻又富麗巍峨。三清宮自立宮以來，提倡「信仰正信化」，依三清道祖指示，不燒紙錢，供品以清香、鮮花、素果為主，以倡辦社會教化、推動公益慈善、淨化信眾心靈為宗旨。

臺中外埔臺灣道教總廟無極三清總道院，其外觀依故宮紫禁城形式建造，同時設有佛教的中原紫雲禪寺，採佛、道

道教祭拜素食的供品禮儀

源自佛教，後為道教齋祭所採用。一般的日常禮儀均採「四供養」：香（代表無為）、花（代表自然）、水（代表清靜）、燭（代表順化），可達「清靜無為，自然順化」的道教基本教義象徵，其餘同佛教（見「觀音菩薩」章）。

雙修，區內並設有農村懷舊之旅，殿中有一獨角牛，相傳是
老子西出關山的座騎，不過在此變成招財獸，是一座觀光型
的廟宇。

　　南投草屯太清宮（老君廟）主祀太上老君和太白真人，
原是草屯李姓宗祠，後改建成臺灣少數專祀老子的廟宇，亦
為當地居民的信仰中心。

（上）三清宮奉祀的三清道祖。
（下）位於宜蘭多山的道教總廟
三清宮依山傍水。

三官大帝

元宵、普渡與謝平安的由來

三官大帝又稱三元大帝，俗稱三界公，一年之中，有
三個熱鬧節日就與祂們相關！

元宵節——上元節之夜，是天官大帝誕辰；中元節普
渡是地官大帝誕辰；秋收後感恩天地的謝平安日就在
水官大帝誕辰的下元節。

此外，以前閩南人會在屋內神明廳上吊天公香爐，客
家人會在天井或屋外吊三界公爐每早祭拜，可見三界
公已經徹底走入庶民的生活中。你若還不認識祂們，
不妨惡補一下，否則元宵可就白過、中元白渡、謝天
也白謝啦！

三官大帝是玉皇上帝的宰相？

天氣主生，地氣主成，水氣主化，用於三界，三元歸宮，即成三官。

——《蠡梅集》

開太極分陰陽後，天地初成，所以有三官分別管理天府（神仙與眾生考核）、陸地（人類善惡之考察）、水域三個範疇，以及之後陸續產生的生靈（死魂鬼靈之考察）。三官屬於太極神，是自然崇拜的演化——早在周朝時，朝廷即有祭祀天、山、川、地的禮儀。

傳說三官大帝為三清道祖所化或元始天尊所生，故三官又稱三元，分上元、中元、下元，「元」是太極之意，三元指太極由上至下的三個層次。後來，三官又化為堯、舜、禹三位聖人來世間渡行教化，堯帝制定天文曆法，是天官；舜帝拓荒墾地，是地官；禹帝治水有功，是水官。如今我們可由三官大帝的官名全銜知其各自的階級、帝稱，以及主要的職責與功能。

三官配為三元節，最早大致可追溯至北魏。後來到了唐朝，三官聖誕月分的十三日至十五日被稱為「三元齋日」，皇帝敕令天下禁止宰殺漁獵及審斷刑事案件；相傳，一九八二年在河南嵩山頂上發現一通為武則天向「三官九府」（三官下設九府、一百二十曹、

090

三官大帝的信仰於唐朝時已然為朝廷政府所認同，並已深入民間。此為民間所保存的三官塑像之一。

三官大帝小檔案

- ●管理範疇：天府、陸地、水域，以及之後陸續產生的生靈
- ●功能：天官賜福、地官赦罪、水官解厄
- ●臺灣信仰的集中處：客家地區

三百六十應感天尊）祈求賜福赦罪解厄的金簡。可見此時三官大帝的信仰就已中央化，且深入民間，後來歷經各朝而不衰，至今百姓也將祂們當成玉皇上帝的宰相。其中，信仰最多也最重要的，則要屬天官大帝！

舜在歷山耕田開拓荒地的壁畫。

三官大帝簡表

官名		天官大帝	地官大帝	水官大帝
	階級	上元一品九炁	中元二品七炁	下元三品五炁
	功能	賜福天官	赦罪地官	解厄水官
	帝稱	曜靈元陽大帝紫微帝君	洞靈清虛大帝清虛帝君	金靈洞陰大帝暘穀帝君
	全銜	上元一品九炁賜福天官曜靈元陽大帝紫微帝君	中元二品七炁赦罪地官洞靈清虛大帝清虛帝君	下元三品五炁解厄水官金靈洞陰大帝暘穀帝君
化現三清		元始天尊	靈寶天尊	道德天尊
化生聖人		堯	舜	禹
管轄		天府	大地及山岳	江河湖海諸水域
執掌		神仙與眾生考核	人類善惡之考察	死魂鬼靈之考察
誕辰（農曆）		元月十五日	七月十五日	十月十五日
相關節日		元宵節	中元普渡	下元節

三官大帝還是道教的開教神明？

東漢末年，張魯的太平道和張陵的天師道吸收民間三官信仰，都在施展符籙之術時，以「上三官手書」為人消災：令病人於靜室中思過，執事人員將病人姓名、過錯、懺悔等成文三篇，一篇置於山上，告知天官；一篇埋於土中，告知地官；一篇沉入水中，告知水官。

由此可知，三官大帝不但是出現很早的自然神，同時也是道教裡和老子一起出現的最古早神明，老子主道、三官主術，一同展開道教的宗教歷史文化。

三官大帝的生日要怎麼慶祝？

理論上，三官大帝為自然神，應無誕辰日，但在三官大帝為元始天尊所化生的傳說中，天尊分別在農曆的元月十五日、七月十五日、十月十五日吐出堯、舜、禹這三個聖嬰。後來，人們便將三官大帝的誕辰訂為三元節。

■ 上元節 人間嘉年華會：元宵節與天官聖誕

上元節是天官大帝誕辰，梁元帝《旨要》：「上元為天官賜福之辰。」在這個節日裡，臺灣最熱鬧的慶典之一就是平溪放天燈。人們相信將願望寫在天燈上飄向天空，老天爺便會收到——但其實應該是要請求「天官賜福」才是！

現在正月十五祭祀天官大帝，但漢朝最早開始在這個節日拜的神明，其實是太一神；太一是太極、道的同義詞，被神格化為宇宙主宰之神。

漢武帝祭太一神，後代不依，改拜天官大帝

正月十五日是開春第一個月圓之日，日期本身即饒富吉慶與意義，自然形成熱鬧夜景。

《漢書》記載，負責京城治安的長官執金吾（官名）在此夜奉令鬆管，稱為「放夜」。漢文帝還下令王公大臣可以在這晚便裝輕從出來與民同樂，而他自己也微服出遊。由於是元月十五之夜，所以稱為元宵節，也是成為法定節日的開始。

後來，漢武帝為了修仙，聽從方士之言立祠祭祀太一神，取代昊天上帝的帝位，因此漢朝廷正月十五從黃昏一直到黎明祭祀太一神，此即元月十五祭祀天神之始。

只不過，以太一神取代昊天上帝與古禮不合，所以後代將太一神從祭祀中去除，而元月

民間傳有「天官賜福」之說，因而一說福祿壽三仙中的福星（圖中）便是天官所化。

十五恰好是天官大帝誕辰，故大概在隋初時，就演變成祭拜天官大帝，元宵節也因而又稱上元節。

熱鬧元宵假期後來不斷延長，到了明代，官員自初八至十七共放十天假，期間各種慶祝活動熱鬧紛紛。

點燈、猜謎、吃元宵

正月十五日還是佛教的大日子！漢明帝崇尚佛教，除了在洛陽興建中土第一座佛寺白馬寺，也因為佛教經典記載正月十五日佛陀舍利的神力會使大地震動放光，花如雨下，天空飄樂，為眾生證信，此時僧俗雲集觀禮參拜，故下令這晚在宮廷和寺院點燈供佛，在《大唐西域記》的記載中，古印度摩揭陀國確有此習俗。後來，元宵節以花燈為主的各種慶典活動便依此熱鬧不絕地展開兩、三千年。

至於元宵節猜燈謎的由來，據宋末《武林舊事》記載，文人喜歡在燈籠上題詩，百姓則喜歡寫一些歇後語、諢語暗戲他人，因而演變成燈謎。

此外，吃飽滿渾圓的元宵則象徵團圓與圓滿；元宵並非湯圓，而是將一個甜餡放在盛滿糯米粉的籬筐中不斷搖動，使其愈滾愈大的甜點。記住，三官大帝是素食，所以祭祀的元宵應該為素。

中元節 鬼界嘉年華：中元普渡與地官誕辰

在民間，七月「鬼門開」、中元普渡地獄來的好兄弟，

少女要在元宵節偷摘蔥？

在元宵節「偷挽蔥，嫁好尪」是臺灣特有的習俗，因為臺語「蔥」與「尪」音類似，在這春花開、春月柔的浪漫夜晚，自然容易勾起思春情懷，所以才有這個習俗，至於偷摘是因為少女情懷羞人知，只好偷偷摸摸去摘取，現代社會開放了，參加元宵聯誼找好尪，成功機率或許更高些。

還有長達一個月的中元祭？

臺灣基隆老大公廟原本是個歷史悠久的公墓，因葬了很多先人移民而稱「老大公墓」，後來遷移至現址，並蓋了廟，可以說是鬼界老大。自一八五六年起，該廟每年農曆七月一日子時一到便舉辦開鬼門儀式，之後舉辦長達一個月的基隆中元祭，到了七月最後一天，又把眾鬼請回去並關鬼門。

天官主祈福，地官主赦罪，水官主解厄，一般百姓依個人所求向三官大帝祭拜。

已是理所當然的習俗，然而正統道教所記載的卻非如此。在道教，農曆七月十五為「中元節」，是地官大帝的誕辰，地官主赦罪，這天舉辦法會，是為了懺悔，但如今一般家庭多半只顧普渡，不一定記得這層典故和要懺悔了。

至於鬼門開和中元普渡的習俗，可能是中元節結合佛教「目連渡母」傳奇的結果。據《佛說盂蘭盆經》記載，佛陀十大弟子中神通第一的目犍連用天眼通看到母親在地獄受苦，想救母親出離地獄，佛陀便教祂在結夏安居結束的七月十五日供養佛法僧，此時功德最大，將福德迴向給母親，便可讓她得救。目犍連聽從指示之後，不只母親從地獄得到渡脫，連與母親同在地獄受苦的眾生也一併得救。從此，佛教便在這天舉辦大型供養法會，為現世與過去世父母增添功德與福壽，此即盂蘭盆節的由來；「盂蘭」指「倒懸」，形容地獄眾生如被倒吊般苦不堪言。

雖然佛道經典中皆無鬼門開之說，但中元普渡象徵人們德及地獄眾生的好生之德，也是美事一樁！

▊ 下元節 感恩節嘉年華：謝平安與水官誕辰

未剝殼龍眼乾祭拜後打碎殼食用果肉，有破殼重生的意涵。

中土到了秋收之後正是農閒之時，許多民俗活動如：謝天、求懺、酬神、建醮等，才正要熱鬧展開呢！十月十五日是水官誕辰，水官解厄，所以舉辦法會，對近一年來所作所為做個反省，有錯就祈求獲得原諒，以迎接新的一年，同時也感謝今年的收成良好、一切平安，是一個感恩的節日──謝平安日。因為這時正值農收之時，所以依地方習俗不同，會以新鮮糯米做成糍粑（麻糬）或素菜粿祭拜。

此外，這天也是「補運日」──解厄無災一身輕後要補充新能量。從這天起的七天，都可拜水官大帝求得補運。

補運一年有兩次，另一次在農曆的六月七日或六月六日。據《宋史》記載，篤信玉帝的宋真宗這天接到天帝降下的天書，故稱為「天貺節」，加以祭祀；到了清《安平縣雜記》，稱這天為「開天門」，祈求上帝賜福最為有效。

補運祭拜用麵線、米糕，通常米糕上會有一顆未剝殼龍眼乾，旁邊通常會再放和祭拜人數相同的未剝殼龍眼乾，拜好後打碎龍眼乾的殼，食用果肉，象徵破殼重生。

一般人家中不拜三官大帝？

　　三官大帝與三清道祖一樣，因為神階太高，一般家中沒有祭祀，三官大帝主要是官祭，因而民間的三官大帝廟不多，在臺灣則多集中在客家地區，並有取代三山國王的趨勢，這是因為三官大帝神階高，且不若三山國王有征戰性，有助於和緩漢蕃間的緊張關係。

　　臺灣三官大帝的祖廟，是福建漳浦縣的雨霽頂三官大帝廟。該廟建於明宣德年間（一四三〇年），至今保存有明清時期石碑八塊，相傳這裡是覆鼎金穴，不能蓋廟，否則必遭火噬，果然屢試不爽，後來神明指示，只用石頭砌成一個神壇和涼亭，雖然「家徒四壁」，神壇大小不及二平方公尺，不過依傳統流傳至今，稱為三界公原始香爐。

　　漳浦有名的「破肚將軍」藍理，曾至三官大帝廟許願，後來他隨施琅攻打澎湖時作戰異常英勇，腹破腸流仍血戰不撓，最後官至二品總兵掛將軍印，光宗耀祖返鄉後重修三官大帝廟。清朝時，臺灣屬福建管轄，所以在政府推崇下，雨霽頂三官大帝廟的香火便跟著來到臺灣。

　　新北市安坑潤濟宮是該區第一大廟，早在漢人來臺開墾之初，便因與原住民時常發生衝突而立廟祭祀保佑黎民，是歷史悠久的信仰中心，也是三官大帝廟的代表廟宇。新北市鶯歌三湖宮同樣也是有兩百多年歷史的三官大帝廟，並與該區煤礦業文化發展結合，饒富地方民風俗趣。

三官大帝因為神階太高，所以一般人家是沒有祭祀的。

臺南市開基三官廟建於清乾隆年間，是由臺灣知府官邸所改建。

　　臺中市紫微宮祭祀三官大帝，廟聯寫道：「紫氣長沖道千秋，微風永被仙風修；宮中仙者堯帝君，金光靈境道中酋。」聯中藏頭「紫微」二字，由此可見，此宮的天官大帝是紫微大帝，聯中並指出「堯帝君」，可見此宮的三官還分別是堯、舜、禹三位聖帝。

　　臺南市開基三官廟建於清乾隆年間，由臺灣知府蔣元樞官邸改建，現在廟內還供奉《桃花女鬥周公》劇中兩位男女主角及歡喜神，祈求男女敦倫之事與夫妻關係和諧。

　　至於供品的部分，三官大帝是太極神，有好生之德，信仰三官的人食素，稱為「三官素」，祭拜三官也以素齋為主（見「觀音菩薩」章）。

王母娘娘

宇宙首位女神

西王母是宇宙的第一尊女神,也稱王母娘娘、瑤池金
母,臺灣人暱稱為母娘。

母娘信仰自明朝蓬勃發展後,民間也會見到將驪山老
母、九天玄女、無極地母等當成母娘的道壇,甚至連
瑤池金母、王母娘娘、西王母是同一尊也搞不清楚,
竟還分別塑像同祭哩!讀了這篇後,可別再搞混囉!

先天陰氣化育萬物

女性孕育萬物，西王母是先天陰氣的象徵，自然被視為擁有重生與永生的能力，諸多有關西王母的故事都與祂手上象徵長壽的蟠桃有關。然而，祂曾為眾神領袖的地位，已在父權社會中逐漸被遺忘，變成賜福、賜壽、賜子、消災、解難的慈母功能。

根據五代陳摶《太極圖》所說：「無極生太極，太極生陰陽，陰陽生五行，五行生萬物。」太極的神格化是玉皇上帝，先天陽氣的神格化是東華帝君，先天陰氣的神格化便是西王母。

▌萬物之母

雖然根據宋周敦頤《太極圖說》的說法，宇宙是先生陽後生陰，但民間相信萬物為母性所孕育，所以萬物以陰為始（現代生物學與醫學亦支持這個觀點），因此，王母娘娘便變成一個龐大的信仰，甚至有凌駕天帝的趨勢。

在宗教上，道教結合太極道統的概念重新詮釋了西王

王母娘娘小檔案

●象徵：宇宙先天陰氣的化育能力
●居住地：崑崙、閬圃
●常見形象：手持龍頭杖與蟠桃的太后

陰陽與五行的神格化

陰陽生五行，五行配以五方、五色等，起初稱呼為五老，後來提升為老君或帝君，今人則簡化為五斗星君。

五行	金	水	土	火	木
五方	西（陰）	北	中	南	東（陽）
顏色	白	黑	黃	紅	青
五老	金母老	水精老	元黃老	赤精老	木公老
五帝	西方七寶金門皓靈皇老君	北方洞陰朔單鬱絕五靈玄老君	中央玉寶元靈元老君	南方梵寶昌陽丹靈真老君	東方安寶華林青靈始老君

母。晉《枕中書》記載，天地渾沌之時，盤古真人自號元始天王，與太元聖母通氣結精，生東王公與西王母，正式定位兩仙尊為宇宙先天陽氣與先天陰氣，後並尊稱西王母為「上聖白玉龜臺九靈太真無極聖母瑤池大聖西王金母無上清靈元君統御群仙大天尊」。後來的道書記錄東王公住在東方的蓬萊、瀛洲、方壺，西王母則住在西方的崑崙、閬圃。

西王母象徵宇宙先天陰氣的化育能力，是宇宙第一位女性神明，經常與性質類似的女媧還有九天玄女混淆。女媧與九天玄女皆被歸類為先天女神，亦即宇宙生成後不久便誕生的女神。

●**女媧**：象徵人類之母與保護。為人頭蛇身，相傳搏土造人，也制訂了人類的婚嫁倫理，並且煉石補天、穩定大地的四個角，消弭了洪水；另有一說祂是伏羲的妹妹。

●**九天玄女**：象徵民族的生成與守衛。為人頭鳥身，較多史書記載祂後來成為商朝的始祖；一說九天玄女授予黃帝符籙、兵書、印鑑、寶劍等等，協助其打敗蚩尤，使華夏成為鞏固的部落聯盟，是兵法和正義之神。

雖然這三位遠古女神並不相同，但都代表著漢族對宇宙生成時的母性崇拜，以及文明發生前人類母系社會的母性依賴。

崑崙山

崑崙山，又稱崑崙虛，有虛幻玄空之意，在漢族裡有「萬山之祖」、「萬神之鄉」的稱號，在古代也被認為是世界的邊緣。西王母在此居住並統領眾仙，有其為萬神領袖的意涵。

《山海經》裡的女媧造型。

▌求壽之神

古時醫藥不發達，求壽便變成重要信仰目的之一，一開始的求壽之神是殷商就出現的西王母，《山海經》記載西王母居住的崑崙山有不死樹、不死草、不死民、不死國等，所以后羿才會向西王母請求長生靈藥。此外，服之可以長生不

老的蟠桃也是出自《山海經》，《漢武帝內傳》敘述，西王母降臨與漢武帝見面時，便是送他四顆蟠桃作為見面禮。

明朝的《西遊記》和《幼學瓊林》都記載西王母的蟠桃三千年開花、三千年結子，是延壽、祝壽之物，蟠桃便成為西王母的屬物，後來許多故事、戲劇便出現西王母蟠桃會的段子。明朝以後，福祿壽三仙的組合出現，其中的壽仙（南極仙翁）也是拿蟠桃作為「壽」的象徵。

■「母娘」好多，讓人傻傻分不清楚

明朝道學發達成為學術主流，也促使民間興起宗教改革讓三教合一，尤其是鸞門興起，挑戰道教系統。

鸞門「因神設教」，因而最高神明在各教派間紛紛出頭，

「王母宴瑤池」相傳為南宋趙伯駒所作，描繪了周穆王前往瑤池拜見西王母的畫面。

龍華三會

　　「龍華三會」出自佛教《彌勒三經》，據經載，彌勒菩薩於二千五百餘年前生天，將在五十六億萬年後降世成佛，那時地球是個大同世界，彌勒成佛後要以三次說法大會開悟全人類，並以此救渡他們離開末世。這個說法後為母娘信仰吸收，說母娘是最高信仰中心，現在由彌勒祖師掌天盤（最主要的佛祖）、濟公活佛掌道盤（凡界的導師），將來彌勒祖師會奉無生老母之命舉辦龍華三會，藉以鼓勵信徒靈修。

　　其中，先天陰氣化育宇宙萬物的西王母概念，便提升、變形為各種最高神明，如無生老母（明明上帝）、無極地母（非道教中的后土皇地祇），及依五行理論建構出的「五聖母」（東王無極聖母、南王地母至尊、中王無極老母、西王瑤池金母、北王無生老母），信徒暱稱為母娘，其中又以無生老母信仰最廣，在臺灣的代表為一貫道。

　　母娘信仰從明朝起蓬勃發展，到了清朝結合農民愛國運動對抗列強欺凌，成為清廷對付洋人的工具，因太過迷信法術、以暴制暴及背負朝廷的政治黑鍋，評價兩極。

　　在臺灣，除了無生老母等鸞門母娘信仰外，也有一個信奉瑤池金母並成為臺灣龐大信仰、後來納為道教正式門派的瑤池派。

　　瑤池派一開始發源於花蓮有神靈降乩及行巫覡之術的勝化堂，後來發展為二：慈惠總堂與勝安宮。兩宮廟雖信奉瑤池金母，但也受到鸞門母娘信仰的影響，現今的日常修行與儀式已鸞門化，並將原本鸞門母娘要「收圓」（即世界末日時以教化的方式將全部人類收回天庭），以及鼓勵靈子共赴「龍華三會」（為收圓所舉辦的三次說法大會）的任務，列為瑤池金母親自下凡的原因，而這也造成了更多人將無生老母與瑤池金母搞混。

從人獸到慈祥太后

殷商的卜辭中即出現東王母和西王母，分別為日月之神，並且有「燎祭西王母」的記載。「燎祭」是祭天等級的祭祀，可見西王母位同上帝，不過這應是一種自然崇拜，非專指西王母。周朝以後許多典籍漸漸將西王母形象化，由人獸的形象開始，最終演變為太后的造型。

▌人頭獸身西王母

西周《山海經》將西王母描繪為人頭、豹尾、虎齒、喜歡嘯嘯、多產多哺的模樣，其所居住的玉山（青海崑崙山）北方是眾神的居所，由西王母所統領，掌管天上的瘴癘與殘敗，可降災人間，將其視為上天對人類的刑罰。

《山海經》中西王母的畫像。

在玉皇大帝尚未出現前，西王母是眾神主宰，《山海經》在這裡說明了祂至高的地位。

有一些學者認為西王母是游牧部落的女酋長，其部落或許真的存在過。

戰國時代的神話典籍《穆天子傳》所記載的西王母特質，則與《山海經》大逕其趣，雖然同樣是人頭獸身，其身分卻是天帝的女兒（是住在凡間的神仙，而非部落領袖）。

現在對西王母的瑤池聖號、形下界第一位女神（天帝之女）的特質，亦大多從此書而來。

▌絕世女神變身太后

到了漢初，神仙形象大多被人形化，西王母也不再是人頭獸身。

約於晉朝成書的傳奇《漢武帝內傳》則明確地將西王母

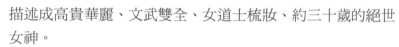

描述成高貴華麗、文武雙全、女道士梳妝、約三十歲的絕世女神。

　　然而，演變至今，西王母在道教裡常見的形象，已經變身為手持龍頭杖與蟠桃的太后，以符合祂為遠古第一尊女神的形象。

（左）鸞門興起，致使西王母分化爲各母娘信仰。
（右）西王母神像，一般手持龍頭杖與蟠桃。

求壽賜福拜母娘

農曆三月三日是王母娘娘的聖誕，天帝級的神明因為化育萬物，都是慈悲不殺生的，再加上臺灣瑤池金母信仰已經鸞門化，所以祭祀時用素齋。

中國現今的王母娘娘祖廟被認定為新疆天山天池的王母祖廟，俗稱娘娘廟。天山在崑崙山北方，天池古稱瑤池，是世界著名的高山湖泊，也是人間仙境，符合西王母居住在崑崙虛北瑤池的說法。現今的天池也被認為是西王母宴請周穆王及辦理蟠桃會宴請眾仙的地方，相傳還留有王母遺墨、王母靈泉、居仙故洞等王母遺跡。

王母祖廟原名「達摩庵」，興建於南宋，一九二三年重建後，不出二十年隨即被毀。一九九九年，在臺灣慈惠堂系統的協助下重建為瑤池宮，今臺灣王母廟將其視為朝聖謁祖之地。

花蓮市勝安宮和慈惠總堂是臺灣瑤池金母的共同祖廟，兩者系出同門，比鄰而居，但結構卻大有不同。天上王母娘

花蓮勝安宮是屬於宮殿式建築，圖為勝安宮夜景。

娘本宮花蓮勝安宮，屬於宮殿式建築，道教廟宇色彩並不明顯，是三教合一的典型，主神稱為天上王母娘娘，陪祀的二郎神楊戩和齊天大聖孫悟空，是原始建廟時即供奉的神明組合──《寶蓮燈》裡，王母娘娘是楊戩的舅媽，而在《西遊記》裡，孫悟空曾偷吃了王母娘娘的蟠桃並大鬧蟠桃會，此番因緣使祂們成了王母娘娘的陪祀護法，同時，在該宮，此兩位大神也有建龕祭拜，亦為王母娘娘的配祀。

聖地慈惠堂總堂號稱中華道教無極瑤池金母發祥地，是一座道教式建築廟宇，但以鸞門儀式行誼，主神稱為瑤池金母，陪祀為二郎神楊戩與臨水夫人陳靖姑；另外，比較罕見的神明有金星的神格化太白星君、王府天君（豁落靈官，道教護法三十六天君之首）、太乙天尊（東皇太一、東極青華大帝）。

慈惠堂總堂的香爐頗有俗趣，天公爐爐耳是兩位童子，象徵王母可保佑生兒育女；而主爐的爐耳是兩位捧著仙桃的仙女。傳奇說瑤池金母的貼身侍女叫小玉和董雙成，白居易〈長恨歌〉說，楊貴妃被賜死後魂魄疑似到了西王母那裡，故有「金闕西廂叩玉扃，轉教小玉報雙成」的詩句。

現在臺灣的瑤池金母信仰以花蓮慈惠總堂為首，其亦為修靈的重要堂口與會合處，分堂及再分堂已經逾千，遍及海內外。

臺北松山慈惠堂也信奉瑤池金母，但不是花蓮慈惠總堂的分火，相傳一開始是由瑤池金母親自起乩下詔建廟，現在已經鸞門化，也是一個龐大的信仰系統，名列臺北市十大廟宇之一。

 瑤池在哪裡？

《山海經校注》：「西王母雖以崑崙為宮，亦自有離宮別窟。」現在傳說的瑤池共有五處：青海的「青海湖」是最大的瑤池，「褡褳湖」是最古老的瑤池，「孟達天池」是最美麗神妙的瑤池，「黑海」是海拔最高的瑤池，而新疆的「天山天池」則是舉辦蟠桃會的瑤池。

盤古・伏羲・神農
穿著獸皮的始祖先皇

有三位神明造型打扮幾乎一致：頭上長有角一樣的兩
顆肉髻（象徵頭角崢嶸）、上身披著草簑、下身圍著
獸皮、腰間纏著樹葉、雙足打著赤腳，象徵史前時代
文明尚未展開的模樣，祂們便是盤古、伏羲和神農，
最大的分辨之處在於其分別手持斧頭、八卦與稻穗。
別小看祂們，祂們可代表著漢族的三種文明起源哩！

漢魂始祖，神來一斧闢天地

也許你知道盤古開天闢地的傳說，但你知道這其實不只是神話嗎？現代物理學家認為，宇宙的誕生是因為有一個很小的「奇異點」大爆炸，接著宇宙便不斷膨脹擴大到現在半徑約四百六十億光年的球體。

雖然許多宗教和傳奇都被神化，但以盤古的傳說而言，其意義和想法卻相當接近現代科學！

雖然依道教道統來說，將無極轉為太極的是元始天王，但最早出現開天闢地傳說的其實是盤古，祂是最原始古老的神明，是無極已經從空無轉為氣，但天地未開、陰陽未分時「渾沌」狀態的神格化。

▌盤古真人就是元始天王？

三國《三五歷紀》記載，渾沌原本只有雞蛋這麼大，裡面的盤古用斧頭一直砍敲想要出來，渾沌因而每日增高、增厚一丈，盤古也同等增大。

一萬八千年後，有一次，盤古奮力一劈，終於把渾沌敲破，這時他的頭往上飛揚成為氣體和天空，身體往下沉澱成為大地和萬物，天地終於形成，我們這個宇宙就是盤古的身體所化生的。

在神話裡，盤古是個無比壯碩結實的巨人，長髮散亂，在渾沌時期，他當然不用穿衣服囉，是原始人類的具體形象放大版，後人將他神格化後便產生許多其他的形象象徵。

同時期的《洞記》也有盤古一日九變的記載，因為九為至高之數，所以天地相距九萬里。

盤古開天後，才有女媧造人、三皇五帝……因此，盤古是漢魂始祖。

後來，道教吸納了盤古，晉《枕中書》便說，鴻蒙（先

盤古小檔案

- 功能：開天闢地
- 始祖：漢魂始祖
- 臺灣代表廟宇：五指山盤古廟

110

天之氣）未分時，便有盤古真人，自號元始天王，遊乎其中，是天地之精。南北朝時，祭拜盤古的風氣便已興起。

元始天王、盤古分開拜

雖然道教承認盤古等於元始天王，但因「盤古開天」故事太富盛名，所以民間是將兩者分開祭祀的。現在，最具代表性的是河南泌陽縣盤古山於農曆三月初三祭拜盤古始祖，追思華夏民族的文化根源，該山便是傳說中盤古開天闢地、造化萬物的地方。

此外，還有河北滄州市盤古廟、湖南耒陽市盤古廟、廣西柳州市盤古廟……

除了漢族崇拜盤古，苗族也崇拜盤古；苗人認為盤古皇是他們的始祖，重大節日與儀式都必須祭奉，猶如漢人拜天公一樣。

「盤瓠」是一種五色神犬，音與盤古幾乎相同，瑤族、畬族、崷族認為盤瓠是他們的祖先，所謂「赤髀橫裙，盤瓠子孫」，便是說南方少數民族打扮和衣著奇特，是盤瓠的後裔，時至今日，他們仍以民族舞蹈音樂追思盤瓠。因為道教是後來才吸納盤古為元始天王，所以有人便認為盤古的起源應該是西南方民族的盤瓠。

新竹的五指山盤古廟號稱臺灣盤古祖廟，創立於民國初年，起初建於知名的雲光寺灶君堂（全臺唯一的灶神廟）後方，現已獨立成廟，廟中還供奉民間極為罕見的天皇氏、地皇氏、女媧氏，真是史前神明大集合；此外，還配祀有梁武帝，應該也是全臺獨一無二！盤古廟的盤古神像後面背景是一幅碩大的八卦圖，顯然是有點與伏羲合體了。

（上）明朝《三才圖會》裡的盤古畫像。
（下）新竹五指山盤古廟中的盤古神像。

文明始祖，三皇之首

漢族一向相信易理與數術，其源頭是陰陽、八卦及因而衍生的《易經》，伏羲則是公認的八卦創始人——《繫辭·下傳》、《史記·太史公自序》和《漢書·藝文志》都認定伏羲是八卦始祖，所以現在稱先天八卦為伏羲八卦，民間也稱伏羲為八卦祖師。

由於《易經》八卦被認為是漢族文化的瑰寶與文明的起源，被公認為八卦創始人的伏羲也自而然被認為是漢族文明始祖。此外，在史前時代的傳說裡，一般認為黃帝之前還有三皇（民間分別稱三皇為天皇、地皇、人皇），三皇不見得是某個人，而是一個個時代演進的區分，後來被人格化為一個氏族，也被神格化為教導人民學會某些事務的聖皇。

漢族歷史承認的史前時代氏族

氏族	功能	始祖	時代
盤古氏	開天闢地	漢魂始祖	洪荒時代
女媧氏	創造人類	漢人始祖	
有巢氏	架木半穴居，開始形成部落聚集		舊石器時代（採食游獵）
燧人氏	開始用火，擺脫原始文明		
伏羲氏	進入畜牧社會；結繩紀事，制定八卦，發展文明	漢文明始祖	新石器時代（畜牧和農業）
神農氏	進入農業社會，建立醫藥知識	漢醫農始祖	
軒轅氏	統一華北部落，成立華夏聯盟	漢民族始祖	

註：除盤古外，其餘皆能成為三皇之一。

伏羲小檔案

- 功能：發展文明
- 始祖：漢文明始祖
- 臺灣代表廟宇：鶯歌碧龍宮

■ 鐵木真帶起祭祀伏羲之風

西漢《史記》以伏羲為三皇之首，相傳伏羲氏教民結繩成網，從游獵時期進入殖漁畜牧社會，因為畜養犧牲（祭

神用的牲畜），充足庖廚，故也稱為「庖犧」，「羲」是進入畜牧社會後食物充足的象徵，也因此可以在文明上有所發展，其中最重要的便是記事與計數。

相傳伏羲便是以結繩來記事與計數，因而也發展出了陰陽與八卦，春秋《繫辭‧下傳》即說，包羲（即庖羲、伏羲）仰觀天象，俯觀地法，以及鳥獸軌跡，始作八卦，可以溝通神明。

元太祖鐵木真時下令全國各州、縣修建三皇廟，其中三皇是伏羲、神農、軒轅，而以伏羲為首，從此伏羲祭祀便廣泛展開。因為伏羲的造型還在史前時代，士子多不祭拜以求功名，但其手持八卦牌，為玄學始祖、八卦祖師，對此有興趣的人便奉為祖師爺，而一般人欲求指點迷津也可祭拜。

伏羲代表著漢族從游獵進入畜牧社會。此圖為《三才圖會》裡的伏羲畫像。

▌具代表性的伏羲廟

伏羲大帝的祭祀目前以甘肅省天水市太昊宮為代表，俗稱伏羲廟、人宗廟，此地相傳為伏羲誕生和發展文化的發祥地；太昊並非指昊天上帝，而是「窮極蒼穹」之意，也就是渾沌，同時太昊也是伏羲的帝號。太昊宮的前身相傳建於元朝，初期植有六十四棵柏樹象徵六十四卦，當地人稱伏羲大帝為「人祖爺」，因為民間也有傳說伏羲和女媧都是人頭蛇身，兩人是兄妹或夫妻，為人類共同的始祖。

新北市鶯歌碧龍宮前身建於第二次世界大戰結束初期，相傳有人在山上發現一塊有八卦龜紋的石頭，因視為靈物，便就地祭拜，後來因為靈旺便興建成廟，俗稱龜公廟，而將有八卦龜紋的石頭稱為八卦祖師，亦即伏羲大帝，是相當獨一無二的信仰方式。改建後，廟方又專程從浙江普陀山恭迎觀音佛祖、福建湄洲恭迎天上聖母的分靈來此祭祀，廟中並還供奉著當年的龜公神石。

農醫始祖，農醫學院的創辦人

漢族神農信仰的起源甚早，春秋《繫辭・下傳》云，伏羲氏歿後，神農氏興起，教導人民斲木為耜，揉木為耒，使人民獲得很多農業民生之利，這是「神農」稱呼的起始……

民間稱神農為五穀先帝，相傳祂也發明了石斧與木箭，可見當時的武力已受到重視，神農氏也被視為是漢族的第一個部落聯盟。另外，陶器的發明更是劃時代的大躍進，陶器可視為人類冶煉和工藝的始祖，因此是重要的里程碑！

▌農業與草藥始祖

神農也建立先民農業社會的生活方式，如發明麻布禦寒、木琴怡情、市場交易等，奠定了華夏民族以農業為基礎的強大發展力。除了是農業之神，神農也是草藥之神，因為草、藥同源，《史記・補三皇本紀》說，神農氏嚐百草，始有醫藥。

東漢流傳的《神農本草經》是現存最早的中藥學著作，也是漢醫四大經典著作之一，相傳此書即起源於神農氏，代代口耳相傳，後集結整理而成，所以神農還是漢族第一位醫神呢！

民間相傳神農為了嚐遍各種草木記錄藥性，嚐到百足蟲蜈蚣（一說斷腸草）不幸中毒身亡，所以現在有的神農大帝是黑色塑像，象徵中毒成仁。

▌漢族始祖——炎帝神農

神農之尊，除了是農業始祖（農業神）、草藥始祖（醫神）外，也是漢族始祖之一，因為漢民族自稱炎黃子孫，而神農也經常與炎帝畫上等號。

神 神農小檔案
●功能：建立醫藥知識
●始祖：漢醫農始祖
●臺灣代表廟宇：三重先嗇宮、瑞芳青雲殿

　　《史記・五帝本紀》等書記載，炎帝是神農氏的後裔；另一說法是，神農氏的帝王稱為炎帝，因此歷代以來人們常以「炎帝神農」合稱。炎帝（神農氏最後一位帝王）因為與新興的軒轅氏族黃帝爭奪聯盟領導權而大戰，最後炎帝居下風，雙方以黃帝為首締結聯盟，後來黃帝又擊敗西南部落的聯盟領袖蚩尤，建立華夏史上第一個統一部落大聯盟。

▌夏朝就開始拜神農

　　據戰國《禮記・郊特牲》所記載，周朝天子祭祀八種農作之神，稱為「八蜡」，其中以先嗇（神農之神）為首，「嗇」是「穡」的古字，意指「稼穡」，即播種與收割。另據唐《經典釋文・禮記音義之二》記載，這個祭典的起源更早，夏稱清祀，商稱嘉平，周稱八蜡，秦稱八臘，可見神農祭祀可能可以遠推至夏朝。

　　春秋《禮記》稱炎帝為厲山氏，同時期的《國語》稱炎帝為烈山氏，所以厲山氏、烈山氏也都是炎帝的稱號。今日湖北省隨州市厲山鎮烈山相傳是炎帝的出生地，該市每年舉辦神農節，堪稱中土最大的炎帝神農文化發揚者！湖南炎陵縣建有神農祖廟，該廟炎帝神農金身於二〇一五年六月第一次來臺遶境。

　　臺灣主祀神農大帝的名剎頗多，其中最富盛名的便是新北市三重先嗇宮。農曆四月二十五日先嗇宮神農大帝聖誕

手持稻穗的神農，除了是農業之神，也是草藥之神。

的祭祀被稱為「三重大拜拜」，盛況可想而知。先嗇宮同時祭拜有神農大帝、伏羲聖帝、盤古大帝，應該是臺灣唯一拜足三尊先皇的廟宇，廟中並祭祀后稷正神、后土正神，也是臺灣少見循古例同時祭祀穀神和土地神的廟宇。

新北市瑞芳青雲殿號稱世界最大的神農廟，神農金身已有二百五十多年歷史，現恭奉於廟中。青雲殿的神農大帝相當特別，分別為：紅面五穀王、黑面藥王、青面二帝（斬妖除魔），完整表現了神農大帝為農神、藥神、炎帝的三種神格，並另祀有三皇（神農、伏羲、軒轅），慎終追遠的意義相當深遠。

苗栗竹南五穀宮有一百五十六臺尺的神農大帝戶外雕像，堪稱臺灣最大的神農像，旁邊還有雷公、電母、風神、雨伯為侍神，實為罕見。

臺灣各地多有祭祀神農的宮廟，圖為臺北士林的神農宮。

第二篇

天庭能臣

五文昌帝君

一院四部的考試院

　　快考試了，一般人都會選擇請文昌帝君幫忙、加持一下，然而，文昌帝君的管轄範圍可不只這樣，社會上的群我關係、家庭的倫理和諧等都是文昌帝君的管轄範圍。

　　除了學生與教育藝文人士，各行業階級的人如果想要職場工作和考核晉升順利，或想祈求詩書傳家、子弟知書達禮，都是祭拜文昌帝君喔！

神多勢眾五文昌

漢族拜神從來不嫌多，民間仿效天文上有五文昌，而將文昌神再加入四位，也成為五文昌，加強崇拜勢力。

文昌神再加上文衡帝君、孚佑帝君、魁斗星君與朱衣神君，便是五文昌帝君。五文昌信仰始於宋朝，而以目前的聖號和造型出現，則應該在明末出現關聖帝君的文衡帝君聖號和魁斗星君的「魁星踢斗」造型之時。

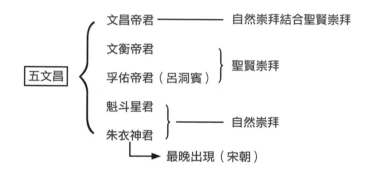

■ 星曜結合梓潼神的文昌帝君

關於文昌的崇拜，一開始是自然天文的星曜崇拜，後來與鄉野傳奇的梓潼帝君結合，合稱梓潼文昌帝君，簡稱文昌帝君，而以梓潼帝君為主體。《史記‧天官書》和《漢書‧天文志》都引用《石氏星經》的記載，北斗七星前四顆的上方有一個文昌星官，掌管天下的文運與祿命，占星家則定義文昌為文貴的星宿。

中國從隋朝開始科舉取士制度，到了唐朝科舉制度正式成形，文人學子也開始祈求神明保佑應試順利，於是便出現了「北孔子，南文昌」的崇拜現象——孔子是山東人，所以北方人拜孔子，南方人就拜文昌，而這又與南方四川的梓潼神有關了。

文昌帝君小檔案

- 五文昌：文昌帝君、文衡帝君、孚佑帝君、魁斗星君、朱衣神君
- 聖號：輔元開化文昌司祿宏仁帝君
- 全稱：梓潼文昌帝君
- 功能：掌管天下的文運、祿命
- 地位：國家祀典，與孔子並尊（清朝嘉慶皇帝），學、府、縣及書院皆需設置祀祠

梓橦神的封帝之路

梓潼是四川省的一個縣，梓潼神就是當地的保護神。根據東晉《華陽國志・蜀志》記載，西晉梓潼縣七曲山有善板祠（又稱亞子祠），其所供奉的張亞子就是梓潼神，同時也是瘟祖神，有保佑、作戰、除瘟、伸張正義等功能，相傳當時是持寶劍與鷹爪的戎裝造型。

唐玄宗、唐僖宗分別在安史之亂、黃巢之亂之時走避四川，各在經過七曲山時封梓潼神為左丞相、濟順王，因為朝廷敕封，所以梓潼神從地方神成了四川神。

宋真宗時四川益州（今成都）發生獨立革命，平定後敕封張亞子，後來的皇帝為了安撫人心，也表彰四川的高度文明，陸續加封其為忠文仁武孝德聖烈王、神文聖武孝德忠仁

天文五文昌

五文昌的五個星官（中國的星座，或一顆或多顆）為：
1. 文昌星官，有六顆星；
2. 三臺：三臺星；3. 文曲：文曲星；4. 魁鉞：天魁星、天鉞星；5. 奎宿：二十八星宿之一。

文昌帝君的信仰結合了天文的星曜崇拜和民間的聖賢崇拜。

王，這是梓潼神在官方轉換為文神面向的開始。此外，道教也在宋朝時吸納張亞子，並奉為主宰功名祿位之神。

　　元代朝廷為了鞏固統治政權，表面上接受儒家，元武宗敕封孔子為大成至聖文宣王，而元仁宗不但恢復科舉制度，也敕封張亞子為輔元開化文昌司祿宏仁帝君，並設祠官祭，清朝《梓潼縣志‧藝文》記載了當時的加封敕文：「四川七曲山的梓潼文昌帝君為天星所化，文章彪炳，以科名造就諸多士子……」這是官方第一次出現帝君神階及文昌帝君聖號，並將文昌星官和梓潼帝君結合，同時也賦予祂掌管科名神責的開始。

清嘉慶將文昌帝君列國祀

　　因為漢族科舉制度的關係，梓潼文昌正式封帝掌管科名後，各地也開始建廟祭拜，不過，梓潼神被某些儒教人士認為是鄉野大鬼，因不合祭祀法禮而拒絕祭拜，所以起初北方梓潼帝君的信仰並未傳開，在南方也有閩南以朱熹、客家以韓愈代替梓潼帝君的。

　　這個爭議到了清朝嘉慶皇帝將文昌帝君列入國家祀典，

張亞子

　　據考證，張亞子應有其人，西晉末期出生於今日的四川越嶲縣，後隱居於七曲山，一開始為巫術人員或鄉野大鬼，鄉民為之立亞子祠。東晉時，四川愛國人士張育為反抗前秦的入侵，自立為蜀王並英勇戰死，七曲山建有張育祠，並尊奉為雷澤龍王，百姓於是將張育視為張亞子的轉世化身。

　　後來為了符合文昌帝君的身分，便說張亞子為晉朝官吏，在四川推行道教（天師道起源於四川）與文教事業不遺餘力，使四川成為漢族的南方文明而名留青史──目前採用的文昌帝君誕辰二月三日便是相傳的張亞子生日。

與孔子並尊，地位才確定下來，並命天下學、府、縣及書院皆需設置祀祠，所以現在仍保留下來的清朝知名書院，正堂大多是文昌祠，兩旁才是書廂。明末清初鸞門善書興起，開始流傳《文昌帝君陰騭文》，日本學者將之編入《世界聖典全集》，在中土則列為《三聖經》之一（另兩本為《關聖帝君覺世經》與《太上感應篇》），影響之深可見一斑。

▌聖賢崇拜的文衡帝君

五文昌中的文衡帝君，就是關聖帝君（請詳見「關聖帝君」章）。

▌因全真教而興起的孚佑帝君

呂洞賓是孚佑帝君，在道教的流派宗祖中，中過進士，文采第一，學歷也最高。呂仙祖出生於唐朝的貴族官僚家族，後棄官修行，清《全唐詩》收錄其詩作有四卷二百多首，所以道教聖賢崇拜中的文昌神祇推為首選。

呂仙祖信仰的興起是因為祂是道教全真教北宗五祖之一；一開始的全真教（後稱為全真教北宗）創立於山東，當時山東先後為金國、蒙古帝國的領土範圍，全真教受到當時包括成吉思汗在內的君臣王公虔誠信仰，因而叱吒一時。

全真教北宗以鍾離權、呂洞賓的思想為主，不強調符籙煉丹，主張內丹與心性修養，並提倡以「道」為核心的三教合一。

元武宗敕封呂洞賓為「純陽演正警化孚佑帝君」，其中的「演正警化」便是表彰祂道術教化的影響，也更符合祂的文昌精神。

道教聖賢崇拜中的文昌神，以呂洞賓推為首選。

▍北斗七星的勺子──魁斗星君

魁斗星君，原本是指北斗七星被形容為像勺子的前四顆的部分，所以漢《春秋運斗樞》記載這四顆星稱為「斗魁（魁）」，而「魁」也是首領，如奪魁，所以魁便有領先群倫之意。同時期的《孝經援神契》則稱之為「奎」，並說奎的樣子好似一本寫字的書，所以奎便成為文章之府。

魁的首領加上奎的文章，成為文魁──科考之首，所以被科考仕子所崇拜。要注意的是，魁也稱奎，但奎並非二十八星宿的奎宿，魁也不是天魁星，不可混淆。

後世傳說魁斗星君因貌醜似鬼，三次殿試未中，憤而將書斗踢掉，投江而死，後人感其才華，故祭拜之。這傳說並非真實，進入殿試便是進士，只是名次、等第的分別，沒有落榜的問題。

魁斗星君負責點選中第人，故五文昌中除了梓潼帝君，經常被獨立出來以科考神身分加以祭拜。

雙連文昌宮裡的朱衣神君。

■ 透過好文章進公門──朱衣神君

　　朱衣神是一種現象崇拜的神格化。在古代，朱紅色是公門官吏的象徵。

　　宋《侯靖錄》和明《天中記》都有記載，歐陽修擔任科舉閱卷官時如果遺漏了好卷子，後面就好似有朱衣人點頭表示認可該文，他便拿回重新審閱，並批為合格，並引用了當時流傳的詩句：「文章自古無憑據，惟願朱衣暗點頭。」表示朱衣神同意了，就能夠透過文章中第而進入公門，不然也莫可奈何，可見宋朝時「朱衣點頭」的說法便很風行了。

　　因為文章通過與否需要朱衣點頭，也才能進入仕途，所以朱衣神便被高度神格化。

　　明末《桃園明聖經》記載，關聖帝君是紫微宮裡的朱衣神轉世，但也有人將朱熹當成朱衣神，不過朱熹年代在《侯靖錄》之後，所以是音似而誤解。

　　此外，也有人直接用朱熹取代朱衣，朱熹地位相當於文昌帝君，也有單獨祭拜的廟宇（如全臺唯一的嘉義市朱子公廟），不過沒有朱衣點頭的功能就是了。

不戴帝冠而戴官帽的文昌帝君

文昌帝君右手拿筆，左手持功名簿，象徵欽點功名；有的文昌帝君廟左、右兩龕會配祀至聖先師孔子與倉頡先師。文昌帝君不戴帝冠而帶官帽，應是取其中第為官之意。

現在文昌帝君的造型為頭戴官帽，官帽有兩種，一種是沒有翅膀的梁冠，為禮冠，有的文昌雕像會做成金冠，彰顯帝君身分；一種是有翅膀的烏紗帽，是日常頂戴，有些文昌雕像亦會做成金烏紗。

▌文昌帝君裝聾作啞的陪侍

文昌帝君的陪侍是兩位僮子，龍邊捧寶匣者稱為天聾，虎邊捧祿運冊者稱為地啞，也有手持官印與劍（象徵權力）的塑形。天聾與地啞是陪祀神裡唯一有殘缺的，意在告誡士子應該謙沖為懷，祂們的來源有兩個說法。

第一個是自然崇拜的演進。在清朝被發掘的《黃帝地母經》說，地母的夫君「天父原本是玄童子，他聾我啞配成雙」，因此稱天地為天聾地啞。不過，這裡的童子是指大菩薩或真人，而非孩童，而且將天父、地母當成僮子有悖常理，應該只是名目上的巧合而已。

第二個是現象的形象化。讀書人要祈求聰明，但所謂大智若愚，真正大聰明的人應虛懷若谷，裝聾作啞，而非處處與人爭鋒；筆者的解釋是，孔子曾回答顏回「克己復禮謂之仁」，細項的德目為「非禮勿視，

文昌雖為帝君，形象多數卻是頭戴官帽，而非帝冠。

文昌帝君

非禮勿聽，非禮勿言，非禮勿動」，但是讀書寫作需要用眼睛，兩僮子端立如儀，就是非禮勿動，天聾、地啞就在警示學子還要非禮勿聽、非禮勿言。

此外，文昌帝君還有一匹陪祀祿馬。一說因為梓潼帝君曾轉世蜀王張育，是戰將，坐騎是一匹戰馬，成為文昌神後，該馬便成為祿馬，名為「白特」，負責賞功送祿，四川文昌祖廟便建有白特殿專門祭祀。白特被神化後，一說那是一匹面似馬、蹄似牛、角似鹿、尾似驢的「四不像」。四不像原本是《封神演義》裡姜子牙的坐騎，據考證就是麋鹿，所以這也是神化後的結果，祿馬就是馬。另外，有祿馬就有馬爺，所以馬爺就是送祿神，下次去祭拜時親切尊呼一聲「白特爺」，應該可以「加分」不少！

▎魁斗星君的造型

在漢族，所有的自然神都會被神格化，所以魁演變成魁斗星君、大魁夫子（有人將夫子稱為天子，應為筆誤訛傳）。現在祂「魁星踢斗」的造型就是根據「魁」這個字的圖像化而來──明末的藝術品裡開始出現此造型，為一個站立的鬼面夫子，左腳後翹呈踢斗狀。在象徵意義上，「魁」字裡的「斗」是星斗之意，「踢斗」便是踢起「文章星斗」獲得功名。

另外，魁斗星君右手高舉執筆欽點中第者，左手略低捧著墨斗（即魁字中「斗」字的象徵），並站在大鰲（海中大龜，相傳能承載島嶼，象徵神靈與承擔）頭上；古時殿試中狀元，就站立在殿前的浮雕巨鰲

魁斗星君造型是依據「魁」字圖像化而來。

身兼書生與道士身分的呂洞賓。

頭上迎榜，所以稱為「獨占鰲頭」。如果為坐姿神像，則仍為鬼面，戴狀元帽。

▋朱衣神君的造型

古代因為紫微大帝的信仰，所以紫色為神靈與皇氣的象徵；相對地，朱紅色和身著朱衣便是公門官吏的象徵；若是白衣則指老百姓。

現在朱衣神君的造型是三公王卿、朝之重臣的形象。

▋呂洞賓的造型

呂仙祖生前是進士，又是道教全真派北宗五祖之一，對道教擺脫符籙之術走向修心有很大的貢獻，所以多是以頭戴書生帽，加上身著道袍的造型出現，同時象徵書生與道士兩種身分。

另外，有的時候也會再揹一把劍象徵法力，說祂是中國劍仙，但因為祂的七星劍被玄天上帝借去斬妖除魔了，所以有的造型只剩劍鞘。

三甲及第不只靠實力

　　拜文昌除了一般祭品外，考生還可以準備芹菜、蔥、粽子、桂圓、菜頭、蒜，以上菜類以生菜為主，拜後帶回家煮食，增添實力。此外，牛軋糖是功名糖、糕仔是步步高升、花生（糖）會發，都適合用來拜文昌帝君。須避免的是拜蛋類，以免考鴨蛋。

　　漢族祭拜文昌帝君最熱絡之處是梓潼帝君發祥處的四川七曲山，當地梓潼文昌宮是全球文昌祖廟，也是中國最大文昌廟，俗稱大廟，前身是西晉時的亞子祠。

　　元初張亞子被封為文昌帝君，朝廷將亞子祠改建為文昌廟，所以也是漢族最早的文昌廟，清咸豐《梓潼縣志》稱此廟為文昌靈應祠。

　　因歷經三朝的整治，現有二十三座廟宇建築群，盤據曲山，輝映潼水，建築堂皇，結構龐大，是研究三朝建築風格的文化保護區，有「古建築博物館」的美稱。

　　因清嘉慶皇帝下令書院皆需設文昌祠祭拜，所以臺灣古老的書院多與文昌祠結合，呈現當時濃郁的書香與校園氣息，也可見文昌信仰與儒學、科舉完整結合的地位！

　　臺灣知名書院有：臺中大肚磺溪書院、彰化興賢書院、雲林西螺振文書院、高雄內門翠文書院、屏東書院。

　　南投也有四大書院：草屯登瀛書院、投市藍田書院、集集明新書院。另外，明潭正心書院已消失。

　　大甲文昌祠創建於清光緒年間，祭祀梓潼帝君、朱熹、韓愈、魁星，後又增祀孔子。日治時代不准百姓奉祀神明和祖先，鄉民於是將神像和神主牌暫放於文昌祠。

　　大甲文昌祠一開始先被日軍占用，後改為漢人分教場（中小學的分校），後又改為日人分教場，因而遭到地方人士抗爭並發生衝突，之後，

每當大考前，許多家長都會帶著考生去拜文昌帝君。

在臺灣，早期書院常會與文昌祠
結合。圖為草屯登瀛書院。

臺人再度進駐並教授漢學和武藝，後來提倡臺灣文化自醒的臺灣文化協會更將此地當成講習所，影響臺灣至深。大甲文昌祠便是在此信仰中展現民族魂魄和精神的典範之一！

苗栗文昌祠創建於光緒年間，並設有英才書院，日治時代書院廢除，廟地被占用，後來臺人成立栗社（苗栗詩社）時，將此當成活動場所。經歷地震、廟地被改為防空壕、市場等因素，該祠重建後成為今日規模，也可見文昌祠在經歷日治摧殘、終戰後科舉不再，因而支離破碎、極度沒落的狀況。苗栗文昌祠最大的特色為——其廟門不是門神，而是天聾、地啞兩位僮子，在文昌廟裡獨樹一格！

臺北市文昌宮，俗稱雙連文昌宮，相傳建於日據時代，是臺灣唯一將五文昌大型塑像分別建殿祭祀的文昌廟（但少了呂仙祖），是北市學子必拜之處，如果想看清楚五文昌的相貌造型，就來此祭拜。

新北市新莊文昌祠陪祀有印僮、劍僮、祿馬、送財神，是完整的奉祀，同時也是全臺第一尊祿馬爺。

臺北市龍山寺主祀觀音菩薩，但後殿設有梓潼帝君、大魁星君、紫陽夫子（朱熹）、馬爺（白特），是一座三教合一的殿堂，一次就能拜齊眾多神明。

各路財神爺

永遠最受歡迎的神明

　　錢財不僅是財富，還能趨吉避凶呢！我們除夕夜發紅包壓歲，其意是用來壓祟（鎮壓鬼祟），新年見面第一句話就是「恭喜發財」，象徵吉祥，因為見財心喜，一喜就破三災。

　　此外，道教法器將一百零八枚古銅錢串成金錢劍，能斬妖除魔。所以囉，招財驅魔的財神爺永遠是最受人們歡迎的神明！

財神爺到底是誰？

財神爺是誰說法眾多，真正的財神是多數人相逢卻未曾相識的——五路財神的中路財神，即玄壇元帥趙公明；玄壇是道教的道觀或道壇，玄壇元帥便是道教的總護法神。道教共有四大護法元帥，組合各說略有不同，但是一定都有趙元帥，可見錢財（財神爺）能趨吉避凶並非虛構，下次拜財神還要一併求平安，一舉兩得喔！

▌趙公明與五路財神

「玄壇元帥趙公明」的聖號在晉朝《搜神記》及南北朝梁《真誥・協昌期》就已出現，當時祂是天帝底下一位威猛暴烈的武將，是冥神、瘟神之類的大將軍，到了明朝，祂的故事便完整起來，主要有二。

逃過后羿之箭的日之精

明代《三教源流搜神大全》記載，堯帝時代天上十顆太陽作孽，被后羿射下了九顆，只有一顆化為人類，就是趙公明，所以是日之精，居於終南山，後入四川山林修行。祂原

五路財神。

🔱財神爺小檔案
- ●本名：趙公明（五路財神的中路財神）
- ●俗稱：趙玄壇、玄壇爺
- ●聖號：金龍如意正一龍虎玄壇真君
- ●法寶：銀鞭

本就長得黑臉怒目，漢末張陵天師在四川創立天師道，請祂當護法並看守丹爐，祂便頭戴鐵冠、手執銀鞭、騎著黑虎執行任務，後來服了丹藥成仙，能夠驅雷役電、呼風喚雨、驅瘟解災、保人性命，現在玄壇元帥的造型與身分便是由此而來。

玄壇元帥的造型為頭戴鐵冠、手執銀鞭、騎黑虎。

武將兼財神

另外，明《封神演義》記載，趙公明為了保護殷商而陣亡，雖然紂王是暴君，但因為趙公明武藝高強、忠心不二，所以姜太公封其為玄壇元帥。同時又封了趙公明的兩位徒弟與兩位手下敗將為四路財神，並為其部屬，後人便將祂們合為五路財神，因為祂們都是武將，所以也稱武財神，這就是玄壇元帥為中路財神的由來；道教尊稱為「金龍如意正一龍虎玄壇真君」。

五路財神都見於《封神演義》，是傳奇人物的崇拜

方位	聖號	姓名	法寶	與趙公明的關係
中路財神	玄壇元帥	趙公明	銀鞭（鐧）	本人
東路財神	招寶天尊	蕭升	落寶金錢	敗將
南路財神	招財使者	陳九公	雙劍	徒弟
西路財神	納珍天尊	曹寶	縛龍索與定海珠	敗將
北路財神	利市仙官	姚少司	雙劍	徒弟

▌各路財神

源於八路發財金的八路財神

除了五路財神，民間也有八路財神，但典籍查無出處，應是搭五路財神故事的便車神話而來，相傳是臺灣金箔業者在中國遇到同行，授予八路發財金發展出來的。故事是說，趙公明是位孝子，所以有緣遇到三千年才一次的開天門，便

請求賜財，結果他養的雞開始下金蛋、養的狗開始吐銀錠，他請八位金匠、銀匠打造金箔、銀箔貼在紙錢上燒給天神以示感恩，這也是紙錢貼上金箔（拜神）或銀箔（拜鬼）的由來。某日土匪來搶劫，黑狗變成黑虎打退敵人，金雞也變成了鳳凰，載著趙公明和八位金匠、銀匠升天，八位金匠、銀匠便變成了天、地、人三才加上五路，即成八路財神。

十路財神

十路財神是臺灣本土發展出來的小眾信仰，為財神的大彙集，其中除了原本的五路武財神，又加上五路文財神，分別是：天官如意財神范蠡（用西施美人計助越王勾踐復國的陶朱公）、文財神比干、金財神石崇（晉朝鉅富）、招財王沈萬三（明朝鉅富，據傳擁有一個聚寶盆）、正財公包公（可為人消除呆帳）。

另版五路財神

除了五路財神系統外，漢族的財神還多著呢！首先介紹「文、武、義、富、偏」另版五路財神。

文財神指商紂的丞相比干（林姓的始祖），因屢屢斥責紂王和妲己而被紂王挖心，相傳他被挖心後沒馬上死，還騎馬回家，途中聽喚有婦人賣空心菜，他問：「菜沒心能活，人沒心能活嗎？」婦人回答不行後，他便應聲倒地身亡，所以祭拜比干別用空心菜。比干沒有了心，不會有一絲一毫的私欲，又是亙古第一忠臣，所以玉帝封祂為管理財庫的神明，道教尊祂為文曲守財藏真福祿真君，故為文財神，同時為庫財神，

一般廟宇中常見的文財神（左）與武財神（右）。

文財神　武財神

掌管金庫、銀庫、寶庫等倉庫。此外，范蠡是國君謀士出身的商賈，也被視為文財神。

武財神即五路財神；而關公重義，因此義財神即關聖帝君，但民間以關帝為武神，所以也稱祂武財神。

富財神就是沈萬三，人稱大明首富，曾幫朱元璋出了修復南京城三分之一的經費，還打算出百萬兩黃金犒賞三軍，但君心難測，朱元璋認為他擅越本分，藉故將他發配雲南，子孫也都遭禍。

偏財神有兩個意思，一指至偏遠地方謀生發財；清朝中土開始向海外移民，此種財神因運而起，以至南洋經商致富的蘇福祿為代表，其在星馬一帶還被供奉為土地公。至於另一意，則是相對正財神而言，正當工作與營業收入的皆為正財，偏財則指不勞而獲但尚屬正當的財富，如贈與、賞賜、中獎、投機、拾遺、政府彩券等。偏財神是指漢朝韓信，據傳祂發明了骰子讓士兵在軍閒時玩樂，以保持士氣，賭場還奉韓信為祖師爺，號稱賭神呢！

此外，黑白無常中的七爺謝將軍戴著長筒官帽，專門抓緝亡魂、野鬼到案，活命人見到祂如同碰到煞，因此在祂的官帽寫上「一見發財」或「一見大吉」來化煞，七爺就成了偏財神，不過屬於走陰冥事業的財路。

民間有謂五路財神的中路財神是正財神，其餘是偏財神，此說恐怕有誤，「生意興隆通四海」，焉有中方財是財而四方財不是財的道理？

除了漢族的本土財神，華人也十分崇拜佛教和密宗的財神，而且種類很多，大家較熟知的是財寶天王，亦即四大天王中的北方多聞天王，祂是北方多寶佛的化現，所以掌管天下財富。密宗有五姓財神——綠財神、白財神、紅財神、黃財神、黑財神，和漢族五行的顏色一樣。佛教財神主張「先捨後得」，所以先布施方能得福德。

八家將中的謝將軍，七爺是走陰冥事業者可拜的偏財神。

▌準財神

準財神亦即非正職財神，但能保佑事事順遂因而賺取財富的神明。

土地財神

最常見的準財神，二〇一五年網路票選臺灣十大財神廟的前三名都是土地公廟，完勝正職財神！

歡喜財神

彌勒菩薩在印度的造型跟一般菩薩雷同，但中土在五代時有一胖和尚，尊號契此，馱著一個大布袋到處化遊，人稱布袋和尚，被認為是彌勒的化身，便以他為彌勒菩薩造型，並尊為彌勒佛。布袋和尚笑口常開，能夠和氣生財，其大大的肚子象徵量大福大，大大的布袋子象徵藏滿財富，所以被人當財神爺供奉。到了東瀛，日本人發展出的「七福神」，便是以布袋和尚為首。

布袋和尚。

送財神

關恩主公身邊的豁落靈官統籌百萬貔貅，能為人送財，不過只送忠義善良之人。

祿神

福祿壽三仙中的祿仙白面俊美、手抱小孩，完全與關恩主公身邊的張仙大帝意義一致，故張仙是送子神，也是送祿神。豁落靈官和張仙大帝可在恩主公廟看到，別忘了求財！

撒錢財神

三腳蟾蜍是民間常用的招財吉祥物。蟾蜍是五毒之一，

邪煞不敢靠近，而且蟾蜍什麼都吃，肚子大大的，所以被視為能招財，金蟾效力就更強了。

為什麼三腳蟾蜍只有三隻腳呢？相傳有一次牠從山上掉下來摔斷了一條腿，但就意義上來說，應該是牠斷了一隻腳（被人制伏）才不會活蹦亂跳把錢財帶出去。

五代道教全真五祖之一的劉海蟾，因名字有個蟾字，所以便被傳奇說成「劉海戲金蟾，一步一吐錢」，祂用錢串釣金蟾，金蟾叼住錢串跟著走，卻把肚子裡的錢給吐出來，所以海蟾所到之處皆可拾錢，就成了準財神之一。

祿馬

關聖帝君和文昌帝君陪祀的祿馬和馬爺以前負責征戰，現在負責賞功送祿，所以也能招財。

虎爺

虎爺信仰在臺灣很流行，除了因為祂勇猛能驅煞、是兒童守護神外，臺諺有云：「虎爺咬錢來。」也是準財神。虎爺是瑤池金母、張陵天師、保生大帝、城隍爺、土地公、王爺的座騎，所以遇到上列神明時可注意神桌下是否有虎爺，可祭拜之；虎爺是肉食，但祭拜時以生雞蛋替代即可。

臺灣虎爺的老大是新港奉天宮的金虎爺，祂可是清嘉慶皇帝敕封的虎狀元，不但御賜狀元金花戴在頭上，而且還是建殿安座於神桌上的虎爺，媽祖出巡時祂打頭陣，名聲更甚於新港媽！不過，玄壇元帥的座騎是黑虎不是黃虎，所以應該不隸屬虎爺範疇，但他是正財神座騎，當然也能送財囉！

各行祖師爺

各行祖師爺因能保佑執業人員工作順利、商品暢銷，所以也是準財神之一。

向有應公求財，這個也屬偏財嗎？

民間認為鬼靈之類若善待之能帶來橫財，橫財非偏財，有鋌而走險與非法賭博的意思，所以諸如廖添丁、林投姐、有應（萬應）公、十八王公、姑娘廟，乃至野外墳墓，多是求明牌、求橫財的特殊人物去祭拜索求，但這並不是政府與道教承認的正神，所以不是「神」，是鄉野大鬼，不可搞混。

會咬錢來的虎爺。

■ 炸寒單——愈炸愈旺的臺灣特產

　　大家可能都聽過臺東流行的「炸寒單」，寒單就是玄壇
的類似音。清朝史料中就已記載臺灣有炸玄壇、迎玄壇、燒
佛、走佛等宗教儀式，而且是全島性元宵節的活動。到日治
時代，由於殖民政府禁止臺灣人從事民俗活動，炸寒單因而
中斷。二戰後，主要由臺東玄武堂系統的廟堂延續，並成為
臺灣元宵三大節慶之一（見「關聖帝君」章）。

　　為何要炮炸寒單呢？最普遍的說法是，玄壇元帥是日之
精，所以要用火炮轟炸才會愈來愈旺。

　　那麼，為何是炸寒單爺？筆者認為：一來，玄壇元帥一
開始是瘟神，所以炸瘟神有驅瘟的信仰，驅瘟是古代各地都
有的宗教活動；二來，玄壇元帥是武財神，愈炸愈熱鬧，愈
炸財愈旺，這跟新港虎爺出巡愛吃炮的道理一樣。

炸寒單。

金光閃閃的財神廟與財神祭拜

一般財神廟會放置大型元寶，拜拜時記得順便摸一摸，並念一念：「手摸金元寶，招財又進寶；手摸金元寶，賺錢可可可（賺飽飽）；正（右）手摸元寶，生意日日好；左手摸元寶，日日得財寶。」

因為新春初五開市、開工，店家、工廠會在這天接財神開張，所以演變成元月初五是財神爺的生日。

祭拜財神必備發粿

祭拜財神除了一般的三牲四果，講究一點的會準備紅龜粿、艾草粿、菜頭包、芋粿巧、發粿等「五粿合」來祭拜，象徵五路財神大集合，也象徵「五福臨門」，平時拜拜亦可使用，即便不講究也要準備發粿，因為象徵「發發發」！

此外，金桔、花生、芒果（忙）、甜飯、汽水等象徵財源廣進，也十分受歡迎。要求財一定要廣結善緣，所以拜香蕉、李子、梨子、鳳梨，臺語音意為「招你來旺」，最是「你好、我好、大家好」！

還有人說玄壇元帥是回人，不吃豬肉，這個說法在典籍上查無出處，可以不用理會。

旺旺財神廟

財神廟發源地

據《封神演義》所載，趙公明原本於四川峨嵋山羅浮洞（今稱九老洞，全稱九老仙人洞）修行，此處後來被視為財神廟的發源地，今內部亦設有玄壇元帥、五路財神，以及虎爺的神像，除了是峨嵋山觀光區，也是峨嵋山財神文化的展示，臺灣許多財神廟也經常回來謁祖。

最齊全的財神廟

　　據《三教搜神大全》，趙公明為秦代陝西終南山人，今日陝西周至縣集賢鎮趙代村即建有巍峨堂皇的財神廟，除了五路財神，還有關羽、文財神、武財神及眾多漢族神明，殿前還塑有一隻碩大的金蟾蜍，可謂中國最齊全的財神廟！

臺灣最古財神廟

　　臺灣桃園南崁五福宮是臺灣有史可查最古老的財神廟，建於明鄭初期，故為開臺玄壇元帥廟，金身是隨鄭軍來臺的神像，稱為開臺玄壇元帥武財神。

　　五福宮最大的特色是有個使者公蛇洞，內有三十多條大錦蛇，被稱為使者公，蛇雖然不是玄壇元帥的陪祀，但因蛇腹貼地爬行，與土地最親近，所以蛇被民間稱為土地公的使者或女兒，土地公是土地財神，所以溫馴的蛇是使者公倒也貼切。另外，這裡還陪祀有極罕見的齊天大聖孫悟空，專門調教頑皮的小孩呢！

全臺位階最高財神廟

很多財神廟裡會設置大型元寶，供信眾祈求財運。

　　南投草屯敦和宮號稱有全世界最大的銅鑄神像，同時也號稱是臺灣位階最高的財神廟，清朝時從福建西山分像至此安座，已有三百五十年歷史，而神像金身據說在宋朝時就已供奉於南京考試院裡，有近九百年的歷史。敦和宮只祭祀趙天君，未陪祀四路財神或其他財神，獨尊趙天君是很大的特色。

臺灣五路開基廟

　　雲林北港在清朝時船舶往來，貿易旺盛，據傳是臺灣五路財神信仰的發源

地，北港武德宮因為號稱分靈四千金尊，分火十萬令旗，成宮廟者上百，故稱為臺灣五路財神的開基祖廟，同時也是最大的財神廟，有五千餘坪，廣場側邊高達四十餘臺尺的通天庫金爐，也號稱全世界最大金爐！此外，武德宮還有神明降鸞為信徒指點迷津。

比干財神廟

嘉義文財殿是臺灣少數主祀文財神比干的廟宇，此外，包含天公爐在內的所有香爐皆為元寶狀，陪祀佛教布袋和尚轉型的福財財神、善財童子轉型的善財財神，也陪祀文財神的座騎金聖孔雀，別具民俗樂趣。

保生大帝
傳說媽祖未婚夫的醫神

漢族有許多醫神，如嘗百草而中毒的神農、開啟漢醫
先河的扁鵲、為關帝與曹操治病的神醫華陀……，其
中建廟最多、祭祀最廣的，當屬保生大帝，祂除了醫
術精湛，更四處以醫救人命、以道渡人心，是人間的
活神仙，號稱道醫。

有人戲稱「保生」這個聖號取得極好，保證生子、保
證生存、保證往生，這當然是玩笑話，不過也顯示保
生大帝信仰深入民間、俗俚皆親的特色。

道家風範的活神仙

保生大帝在民間俗稱大道公、吳真人，是真實存在的聖賢，不過因為是地方型人物，未見正史記載，資料多從廟誌和地方誌而來，因而略有神化之嫌，這種情況也發生在許多地方賢人身上。

北宋《西宮檀越記》就開始有保生大帝大道公的事蹟記載，生平綜合各書所記，大約為：大道公是北宋初年人，本名吳本，曾被推舉為御史，後辭官修道、行醫，在世時即有神醫之稱，著有《吳本本草》。

南宋朝廷詔令建祠之後，《泉州府志》、《白礁慈濟宮碑》、《青礁慈濟宮碑》等就更詳細記錄其生平和傳奇。

大道公出生地現在認定為同安縣白礁村，之後在東礁村居住、修道，終身茹素未娶，因醫術精湛，救人無數，而且在瘟疫時布財施藥，頗有道家神仙的風範，備受人民尊敬。

大道公於宋仁宗時升天，青礁村民建龍湫庵祭祀，並尊稱為醫靈真人，因靈驗異常，開始成為地方信仰。

▎是神醫，也是道醫

大道公生前因為修道，被信奉後自然開始有了更宗教性的傳說，身分從神醫變成同時精通道術的道醫，被傳為是精通道教醫術的全真派道士，道號悟真。而原本的草藥之學也被描繪為煉丹及道教醫術的「枕中」、「肘後」之學，但以其所傳《吳本本草》來看，祂一生精通的是草藥，而非煉丹及道教醫術。

宋仁宗時（一說是明成祖），祂因入宮醫好太后的乳疾而名揚天下，但未接受太醫職務，仍四處弘道濟世。後來又傳說，大道公年輕時遇到異人傳授道教法術，所以有斬妖除魔的能力。

146

神 保生大帝小檔案

● 本名：吳本
● 俗稱：大道公、吳真人
● 著作：《吳本本草》
● 祖廟系統的聖號：慈濟
● 臺北地區三大廟會活動之一：大龍峒保生大帝出巡、霞海城隍祭、艋舺青山王遶境

然而，以上說法皆未見於史料正式記載，所以大道公應該是以醫者道心，終生捨身行醫濟世的行誼受人尊崇，成為百姓崇拜的對象。古時醫藥不發達，且瘟疫流行，對巫醫或瘟神的崇拜便很流行，大道公是真實存在且終身濟世的神醫，再加上宗教化後的道醫形象，使祂的信仰越發蓬勃。

　　南宋第一任皇帝宋高宗頒詔，於青礁村和白礁村同時興建醫靈神祠，大道公從此開始被朝廷承認，祠相當於鄉里等級的廟宇；宋孝宗敕封大道真人，並賜白礁神祠「慈濟廟」名，位階提升，從此人稱大道公，「慈濟」也成為保生大帝祖廟系統的聖號；南宋最後一位皇帝宋理宗又將廟格提升為慈濟宮。至明朝，保生大帝信仰持續興盛，明仁宗敕封「恩主昊天金闕御史慈濟醫靈妙道真君萬壽無極保生大帝」，從此便稱保生大帝。

▌大道公和媽祖的淵源

　　保生大帝和媽祖有許多類似之處，祂們一開始都是泉州地方崇拜的人物，因朝廷敕封而擴及東南省分，後來並隨移民的傳播而成為跨地域的神明。

　　保生大帝和媽祖都是隨移民最早進入臺灣的神明，兩人同為宋朝人（大道公北宋，媽祖南宋），有天時之利，並同屬泉州，有地利之便，所以被小說家亂點「大道公鬥媽祖婆」的鴛鴦譜。

　　據《臺灣縣志》記載，臺灣最早建立的廟宇是臺南新化保生大帝廟，俗稱開臺大道公廟，據文物推定大約建於明萬曆四十六年（一六一六年）荷據時代，廟中保生大帝金身亦被認為是全臺第一座唐山神像。

　　另一方面，臺南市的開基天后宮建於明永曆

學甲慈濟宮的沿革碑記，上面並刻有保生大帝的事蹟。

十七年（一六六二年），媽祖神像還是當年隨鄭成功艦隊來臺的「船仔媽」金身，雖然時間上略晚於前者，屈稱第二，卻有正式史籍可查，所以誰才是開臺正宗第一金身因而懸疑不決，「大道公鬥媽祖婆」可能還會繼續下去。

不過，神明是合作無間保護蒼生的，彼此不會有什麼間隙，媽祖被封為海神，保生大帝被封為醫神，民間諺語說：「渡海靠媽祖，安居靠真人。」說明兩神是共同維護移民海陸安全的兩大守護神，彼此不是對手，而是攜手。

▌經常當「替身」的保生大帝

除了與媽祖一段無中生有、可能是搞錯男主角的戀情

保生大帝與媽祖都是隨移民最早進入臺灣的神明之一，被人民尊為守護神明。

保生大帝的配祀通常是誰？

　　大道公的配祀除了虎爺外，最常見的是四大元帥或三十六員天將，因為相傳玄天上帝以三十六員天將抵押借了大道公的七星劍未還，所以三十六員天將便屬大道公管轄，而四大元帥便是祂們的統領（含於三十六員天將中）。三十六員天將是取材自歷史或傳奇人物，成員並未固定，即便是領頭的四大元帥，說法也不一，原因除了傳說雜沓外，有些神將是被當主神祭祀的（如關公、趙公明），若又被自己當護法豈不怪哉？此時自然必須抽換。

外，保生大帝也因盛名之累，成了借劍給玄天上帝的債主；保生大帝是醫神，自然不必用到劍，頂多像華陀一樣用到外科手術刀，因此債主應該是呂洞賓。

　　除此之外，大道公還有幾個膾炙人口的傳說，但據學者指出，這也是從其他同為醫神或神仙那邊「轉借」過來或搞錯對象的。

　　●醫虎喉：大道公的坐騎是一隻老虎，傳說老虎因為被骨頭鯁住喉嚨而無法吞嚥，痛苦萬分，大道公幫牠取出骨頭後便馴服於大道公。這個故事是出自唐朝藥王的「孫思邈醫虎」，相傳古代大夫上山採藥都要帶個虎頭鈴鐺當護身符，便是由此而來。

　　●揭榜醫太后：宋仁宗時（一說是明成祖），大道公因不敢觸犯鳳體，所以懸絲為太后診脈。這個故事起於清《吳真君記》，但「懸絲診脈」的故事卻是出自明《西遊記》孫悟空為朱紫國王懸絲診脈的劇情。

　　●神方化骨：傳說大道公以符水救活了一位已化成枯骨的書僮，書僮的主人江仙官因而執意追隨，後來當地的主簿（主任祕書、師爺）張聖者（或稱張法主）亦辭官追隨，兩人便成為大道公的陪祀。不過從「仙官」、「聖者」（法主）的名字來看，這似乎也是從神話而來。

●水、火二將：另說，保生大帝旁有水、火二將，這也是玄天上帝的龜蛇（稱水火二魔，降伏後成水火二將）訛傳而來的。

除此之外，保生大帝的其他傳說還有不少：和醫虎傳說合稱「點龍眼、醫虎喉」的以符水治療巨龍眼疾、派遣廟內泥馬雕像幫助宋高宗過河避敵的「泥馬渡康王」等。

大道公生前是一位道家風範的神醫，缺少精彩的傳奇事蹟，再加上後人喜歡編造奇蹟以塑造神明的悲天憫人與神通廣大，結果使得史實與傳奇混雜不清。舉例來說，「泥馬渡康王」便是為了解釋為何宋高宗詔令建大道公廟所編出來的神話（據考察，是鄉紳吏部尚書顏師魯向朝廷奏請獲准）。

歷代皇帝向來善用神明抬舉來攏絡鄉民，以進行神權統治，甚至還訂有神明敕封進階辦法，只要神威顯赫，深受百姓愛戴，並且符合朝廷政治利益，便能夠一直「升職」。然而話說回來，光是大道公的醫者道心，就很值得我們尊敬景仰了，其實是不需要太多神話的。

■ 保生大帝的造型

保生大帝的造型相當普通，文面、帝王帽、官袍，雖然有傳說指祂被玄天

有三尊不同的保生大帝？

　　有的保生大帝廟供奉三尊大帝，一說大帝是大道公，負責醫術；二帝是藥王孫思邈，負責醫方；三帝是道教四大天師之一的許遜，負責藥符。此說認為，保生大帝的傳說原本就摻雜孫思邈和許遜的故事，從神醫被說成道醫，所以保生大帝是結合三位神明的信仰。不過，此說並未被保生祖廟系統接受，而將三尊大帝都視為保生大帝。

臺南開基玉皇宮裡的天醫真人——孫思邈。

　　上帝借走七星劍（一說被借走劍的人是呂洞賓），但祂鮮少同呂洞賓一樣配有劍鞘。

　　此外，祂雖然是神醫，也不同華陀一樣有時會配有藥葫蘆。祂的造型從豐富的傳說，回歸到平凡但偉大的人生。

　　（左頁上）在漢族的醫神當中，建廟最多、祭祀最廣的就是保生大帝。此為日治時期的臺北市保安宮。
　　（左頁下）文面、帝王帽、官袍是保生大帝一般的造型。

鮮花素果抽藥籤

據史載，保生大帝終生茹素，故祭祀時應以素齋；建於清朝乾隆、分靈自中國的臺中大道公廟元保宮即公開告示要信眾以鮮花、素果祭拜。

由於大道公生於白礁，定居、修道於青礁，所以南宋時宋高宗詔令同時於青礁和白礁立祠，兩礁相距不到三千公尺，都是重要的聖地，現在通稱「青、白礁慈濟宮祖廟」，其中青礁稱為東宮，白礁稱為西宮。

兩廟雖同時奉詔立祠，但白礁西宮早一年動工，且廟宇宏偉，有「閩南故宮」美譽，並由宋孝宗賜名慈濟廟，是保生大帝祖廟的首位。

後來因為保生大帝信仰發達，又興建了南宮，同安縣現在已經是保生大帝廟群林立的神醫文化區了。

在臺灣，大道公廟以臺南學甲慈濟宮為祖廟。一六六一年農曆三月十一日，鄭成功部隊由學甲登陸臺灣，攻克荷蘭

152

臺南學甲慈濟宮為臺灣的大道公祖廟。

後，白礁子弟每年於登陸紀念日在學甲遙祭中國祖宮，稱為「上白礁」，後便於學甲建廟。

臺北大龍峒保安宮建於清乾隆，亦為白礁西宮的分靈，但非大帝金身，該廟建有大道公廟少見的「紫微閣」——傳說中有一說大道公是紫微星轉世。

保安宮是臺灣規模最大的保生大帝廟，每年舉辦「保生文化祭」，發揚保生文化最力；二〇一八年三月，保安宮受邀至梵蒂岡和宗教方濟各會面，是全球道教人士和教宗會面首例；每年農曆三月十五日保生大帝聖誕的大龍峒保生大帝出巡，與霞海城隍祭、艋舺青山王遶境並稱為臺北地區三大廟會活動。

早年醫藥不發達，廟宇因而發展出抽藥籤的機制，最常見的便是保生大帝藥籤，已流傳二百多年，媽祖藥籤次之；保安宮即出版了《保生大帝藥籤解》，目前仍保留了藥籤筒，但不公開展示。

三太子

不良少年變囝仔神

中壇元帥三太子李哪吒暱稱哪吒、三太子、太子爺，
除了道教祭祀外，乩壇也因為祂好鬥又善鬥的個性能
助驅魔制煞，信奉的程度更是普遍。雖然三太子是囝
仔神，刁蠻難馴，但也因深具童心和天真，無心機、
容易親近，因此頗受歡迎，祂可愛的造型和扮相，在
臺灣還成為新的電音三太子文化揚名國際，是宗教信
仰與表演藝術結合的現代化產物代表。祭拜三太子時
可別只是想著祂的法力無邊，祂由任性妄為到成為執
法正神的教化過程與意義，才是我們祭祀的重點。

三太子原來是佛教護法神！

大部分的人認為三太子哪吒是出自漢族傳奇小說的人物，但依據在典籍裡出現的時間先後考查，祂真實的身分是佛教的護法神。

三太子的出身源自於佛教經典，在佛經中，「那吒」為梵文音譯的簡稱，而非「哪吒」。《佛所行讚》、《毗沙門儀軌》中記載了那吒是佛教四大天王中北方毗沙門天王的三太子，經常伴隨在父親身邊執法，因為護法心切，經常以傷害及殺虐的手段對付王公大臣及修行人，坦言自己「欲攝縛惡人或起不善之心」。

■ 沒被朝廷收編的三太子

唐朝篤信佛教，毗沙門天王的信仰極廣，三太子也隨之打開知名度。到了明朝，故事就轉型了！

《封神演義》中，哪吒（此時由那吒成為哪吒）是商紂時代陳塘關總兵李靖的三兒子，由崑崙山天池因接收天地日月精華而形成的一塊寶石「靈珠子」投胎而來，在母胎裡待了三年六個月，出生時是一顆金光閃閃的肉球。李靖原是唐

臺北市關渡宮古佛洞裡的毗沙門天王。毗沙門天王為四大天王之首，同時也是武神、軍神、財神及知識神。

三太子小檔案
- 起源：佛教經典
- 身分：護法神（佛）、五路統領（道）、囝仔神
- 法寶：風火輪、火尖槍、乾坤圈、混天綾等

毗沙門天王是誰？

佛教經典記載，地球之上共有二十八天，跟我們毗鄰的第一重天便是四大王天，毗沙門天王為四大天王的領袖，是與人類最接近的天王。唐朝篤信佛教，毗沙門天王成為隨軍護衛之神，同時也是各界單獨祭祀的主神。唐明皇時，西北方的蠻族進犯新疆，明皇請不空和尚祈請毗沙門天王相助，不久天王果然率三萬天兵降臨，嚇得番兵鳴金而去，之後明皇便設神像祭祀，出兵時也以祂為旗幟，從此毗沙門信仰便廣為流傳。

朝名將，後人把他跟唐朝戰神毗沙門天王的形象結合，在《封神演義》裡是姜子牙伐紂的主要將領。

哪吒個性懵懂任性，雖不以殺人為樂，卻視殺人是一種動氣後的自然反應，這也說明此時的哪吒尚未脫離物種原性，因此犯有一千七百條殺戒，後來打死了東海龍王的三子，甚至還大鬧龍宮，東海龍王興兵問罪，哪吒卻不以為意，李靖於是逼哪吒自盡謝罪，哪吒因而割肉還母、剔骨還父，當場自戕，與李靖恩斷情絕。

之後，太乙真人（道教的太乙天尊）折荷菱為骨、藕為肉、絲為筋、葉為衣，幫哪吒造了一個新的身體，但他深恨李靖，所以處處尋仇，燃燈道人（佛教的燃燈佛，是釋迦摩尼佛的前任佛）賜予李靖按三十三天玲瓏寶塔將哪吒困住，兩人才言歸於好，一起並肩作戰。哪吒武功高強、法器眾多，又非凡身肉體，成為伐紂的先行官，幫姜子牙屢建奇功，被視為超級戰神類型的神明。

木雕哪吒。

在《西遊記》裡，李靖則成了托塔天王，哪吒成為三太子，故事大綱的前端和《封神演義》差不多，只是太乙真人和燃燈真人的角色變成如來佛，哪吒也喚如來佛為父，後來助孫悟空降伏獨角兕大王、牛魔王和白老鼠精。由此可見，明朝時佛教「毗沙門天王和那吒」已徹底轉型為中土版「李靖（托塔天王）和哪吒」的故事，而且家喻戶曉，才會同時被兩本傳奇小說採納，因此祂的故事在唐、宋就展開了。

三太子來自傳奇的色彩太過明顯，因此未見朝廷敕封的記錄，但道教因為祂的通天本領，尊祂為鎮守天門的威靈顯赫大將軍，此外，也是五營神將中的中壇元帥。

臺南三官廟神轎上的中壇元帥。

「五營神將」在中土是很重要的自然崇拜神格化，東、南、西、北、中五個方位各有駐守的神兵神將保護土地和人民。五營神將的五位首領各自為誰，說法並未一致，但都認同哪吒是五營神將之首。

躍上國際的電音三太子

時至今日，在臺灣，三太子一直是各種活動的常客，甚至躍上國際舞臺，行銷臺灣，儼然成為臺灣的新文化。隨著時代的演變，傳統的歌仔戲、布袋戲和南北管逐漸不再受到民眾的喜愛，廟會活動表演為了吸引更多民眾參與，便開始走向與流行元素結合的綜藝表演、青少年街頭舞曲，甚至鋼管舞等。

用顏色代表的五營神將

民間以五行的五色來代表五營神將：東→青；南→朱；西→白；北→黑；中→黃。
現今，在許多廟宇裡外或小莊頭，仍處處可見用五根權杖或五色令旗象徵五營兵將的祭祀。

　　另一方面，三太子是護法神，祂的「大仙尪仔」經常在陣頭中出現，因為是兒童造型，還被雕塑得笑臉盈盈，可愛無比，因此最受歡迎。

　　在廟會活動流行化的趨勢下，「電音＋三太子」的組合應運而生，因為步伐、身形與姿態活潑生動，親民有趣，所以快速地傳播開來。電音三太子表演團在臺灣已經登上二〇〇九年高雄世界運動會、臺北聽障奧運會、臺北國際花卉博覽會等國際大型活動，也紛紛被邀請到如美國元旦花車遊行等國外進行活動與表演，美國國家地理頻道（Discovery）還拍攝了《愛上真臺灣：電音三太子》紀錄片特別報導。

　　雲林北港太子聯誼會，是第一個開記者會命名電音三太子，並拍廣告、上媒體炒熱話題的團體；嘉義朴子電音三太子活動企劃館，號稱是電音三太子戰鬥舞的始祖，常在廟會慶典和文化活動上表演電音三太子、陣頭和各式民俗表演；臺中大雅九天靈修院（九天玄女廟）附設九天民俗技藝團的三太子與陣頭故事，被改編成電影《陣頭》，他們對推廣電音三太子與民俗表演現代化都深具貢獻。

臺灣廟會的現代化與觀光化

　　臺灣廟宇為了挽回逐漸流失的信仰人口，強化其現代化的能力，包括野臺戲精緻現代化、布袋戲金光化（加入聲光效果和特技演出）、陣頭融合現代表演藝術、電音三太子等，而這四者也都登上了藝術與國際舞臺，從宗教民俗傳統藝術轉型為現代表演藝術。

　　另外，在廟會時擺設 Q 版神明偶像或人體活動布偶，以及推出 Q 版神明紀念品、有趣的民俗技藝表演……，廟會已逐漸具嘉年華的型態，同時也成為觀光活動，並使年輕人口回流。

電音三太子已成為祭祀活動潮流，更躍上了國際舞臺。

三太子＝紅孩兒？

哪吒身上寶物眾多，其中較有名的有：左輪生風、右輪
噴火，可飛天遁地的腳下風火輪；長一丈八，作為主要武器
的兩枝火尖槍；持在左手，可大可小、可擲可套的金環乾坤
圈；披在身上當成綑仙索的混天綾……，這些法器在現今哪
吒神像上都可明顯看到，也使祂顯得更為神通廣大。

哪吒的主要寶物稱為八寶，其中五寶為天乙真人所贈；
除了著名的風火輪等之外，能投擲攻擊的金磚、噴出三昧真

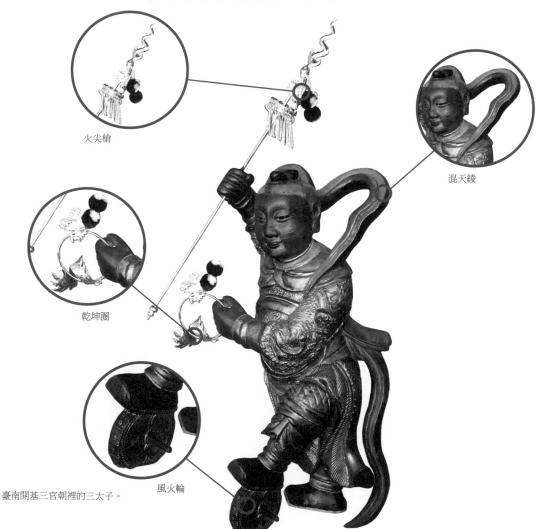

火尖槍

混天綾

乾坤圈

風火輪

臺南開基三官朝裡的三太子。

160

火的九龍神火罩及陰陽劍也是哪吒的兵器法寶。《西遊記》中描述哪吒作戰時可化身成三頭六臂，因此有的哪吒雕像也以六臂造型出現，象徵祂的法力高強。

三太子是囝仔神，民眾極為容易將祂與同為囝仔神的紅孩兒和善財童子混淆。

紅孩兒在《西遊記》裡是牛魔王和鐵扇公主的兒子，雙手持的也是一丈八的火尖槍，後來在《薛丁山征西》裡又多了一項和哪吒一樣的寶物：乾坤圈，後世將他以童身的形象出現，所以與哪吒非常的雷同。因為紅孩兒已經練成三昧真火，孫悟空不敵，只好請出觀音菩薩將其制伏並收為徒弟，後世因而又誤認為他是觀音菩薩旁邊現童子身的善財童子。在民間傳奇裡，紅孩兒的形象是哪吒和善財童子的綜合體，是說得過去的。

神明中的囝仔神不只三太子和紅孩兒，以牧童身分得道成仙的廣澤尊王、八歲成佛現在被當成觀音菩薩陪祀的龍女，也都是以童身形象出現。虎爺因為能夠管教小孩、招財驅煞，也被視為兒童守護神，所以虎爺都非威猛的形象，而是 Q 版的造型。不過，以上還是以三太子的囝仔神形象最為鮮明，並成為代名詞。

為何許多人將頑皮的小孩交給太子爺做契子？

三太子是囝仔神，而且已經從自然野性的刁蠻無知被倫理化，現在是執法的正神，因此民間認為，基於同理心，頑皮或體弱易病的小孩如果交給三太子管教、照顧，效果會更好，因此在乩壇中三太子備受歡迎，同時也廣收契子。乩壇收契子好生保護，同時攬為基本信徒，在臺灣是普遍的宗教現象，收契子的情況在鸞門也經常見到，而且已經普遍化、制度化。

哪吒祖廟在哪裡？

祭 祀 檔 案

中國有多個地方認為自己是傳奇中的「陳塘關」──哪吒的出生地，自稱自己的哪吒廟便是祖廟。然而，真正的祖廟是誰並沒有一定的說法，只能說各有信眾，臺灣的太子廟也各擁其主。

中土最早的哪吒廟記載見於四川《江油縣志》，為明嘉靖年間建立，現在油江縣建有翠屏山道觀，俗稱哪吒祖庭；同樣在四川的宜賓市也有座翠屏山，現在建有哪吒行宮，號稱哪吒祖廟。另外，根據河南《西峽縣志》記載，丁河奎文村南山頂原有座哪吒太子廟，現在此處也建有哪吒祖廟。三廟都有建廟史料記載，並有許多符合傳說的蹟物存在（這當然是穿鑿附會的故事行銷），不過現在的廟宇都是近代完工的，誰為祖廟並無一定。

在臺灣，高雄龍水港化龍宮稱為全臺開基太子爺廟，其金身是明鄭時期由移民攜入，先奉祀於家祠，後再建廟。另根據同在高雄、建於清康熙的三鳳宮碑文敘述，三鳳宮奉祀的主神中壇元帥，是由龍水港化龍宮分靈而來，因此化龍宮肇始於明鄭時期是可信的，是全臺最早的三太子廟。化龍宮目前不但仍然主祀開基金身（大太子），配祀正二祖、正三祖、附尊三座，還有一〇八尊分靈太子，陣容相當浩大。

臺南新營太子宮建於清雍正年間，是臺灣歷史悠久的太子宮，由此分靈出去的太子廟眾多，所以被稱為臺灣太子廟的開基祖廟，採南方廟宇加兩廂房式建築，充滿藝術之美與歲月風霜。

近代在舊廟的後方另建了全國規模最大的太子廟，新廟採華北宮殿式建築，廟頂上塑立了一尊三太子漆金神像，號稱全國最大三太子像；因為哪吒是三太子，所以廟中也陪祀了哪吒的兩位哥哥金吒和木吒，這在臺灣是比較罕見的。

新營太子宮對推廣三太子文化不遺餘力，近來每年舉辦

哪吒太子文化藝術節、太子 FUN 電嘉年華、全國電音三太子擂臺賽等，貢獻卓著。

　　農曆九月九日是三太子聖誕千秋，祭祀三太子除了一般祭祀禮儀和供品外，還要多兩樣東西——糖果與玩具，以討囝仔神歡心，這可千萬別忘了唷！

新營太子宮後又塑立的哪吒漆金神像，號稱全國最大三太子像。

月下老人、
城隍夫人等
巧點鴛鴦成眷屬

月下老人是男女祈求愛情最常拜的愛神，人們向祂祈求婚姻與愛情的頻率，完全打敗教導人類交媾之事、婚嫁之儀的婚姻之神女媧。一般人對求婚姻要拜月下老人一定不感到陌生，但你可知道，月下老人不斬的爛桃花，可求城隍夫人幫忙，不僅如此，祂還能幫忙打小三呢！

還有，七娘媽、九天玄女、嫦娥和織女也能當紅娘，為你搭起婚姻的橋樑唷！求愛情、求婚姻，除了月下老人，你還有許多選擇。

婚姻感情——月老説了算？

漢族明確出現月下老人是在唐《續幽怪錄‧定婚店》，是位手拿鴛鴦譜（俗稱姻緣簿）的平民老者，是管理姻緣簿天吏的化身，象徵漢族婚姻是聽從父母之命、媒妁之言，以及姻緣天注定的觀念。

祈求愛情的儀式在西周便有記錄，春秋時代的鄭國有個風俗，每逢三月上旬的巳日，男女會齊集在岸邊祓禊——在水邊戒浴，以消除不祥的祭祀。而當時男女會藉著祭祀的集會歡聚，並祈求愛情順利。

■ 良宵月下情意正濃

月下老人是源自對月亮催情的自然與現象崇拜，良宵月下情意濃，是談情說愛、互訴情衷，進而定情繾綣的美時。古時，苗人即有在春天月圓之夜舉辦未婚男女歌舞飲酒的聚會，稱為「跳月」，即藉月亮催情而集體相親的活動。湖南侗族也有姑娘在中秋節去心上人家中圃園摘菜的習俗，這跟臺灣女孩在元宵夜去「偷挽蔥」類似，不過臺灣姑娘是含蓄地偷摘，侗族姑娘則是大方地喊著，故意讓心上人聽到。雖然文化差異產生了不同的人情與行為，但將月亮視為愛情象徵的情意，卻是各地一致的。

唐代明確出現月下老人的形象後，民間便說月下老人會用紅線將命定的情人綁在一起，縱使逃到天涯海角，仍注定會碰面，所以有的月下老人雕像上會有一綑紅線；此外，古人結婚時，新人也會一起拉著一條紅綵帶，上面裝飾一顆紅繡球，象徵這條紅線永遠牢牢地綁著，之後這顆紅繡球也成了婚姻的象徵，因而有拋繡球招親尋找真命天子的習俗。

現在月下老人的神像依原始典籍描述的樣貌出現，所以不著官服。祂在道教裡也是正神，經常與同樣不著官服、老

月下老人

● 來源：《續幽怪錄‧定婚店》
● 功能：賜予家庭婚姻的倫常愛情
● 祭拜時間：中秋、七夕、每月十五之夜等

日月潭龍鳳宮月下老人像手持一條紅綵帶，上面裝飾紅繡球，象徵這條紅線永遠牢牢地綁著雙方姻緣。

人樣貌、手持柺杖的土地公、南極仙翁、華陀仙翁搞混，最大的區別點當然就是手上的姻緣簿跟紅線囉！

▋ 斬爛桃花別找月下老人

　　唐朝的《續幽怪錄・定婚店》和道教都認為「姻緣天注定」，只負責保管姻緣簿的月老其實並無幫人搓合姻緣的神力，頂多讓人偷瞄一下未來的對象是誰，但百姓認為月老有成人之美，撒嬌一下，祂就會跟媒人公一樣幫人撮合。隨著時代的變遷，人的健康與壽命都可以改變了，婚姻與幸福當然也可以改變，每個人都應該勇敢追求，所以未婚男女多拜月下老人是準沒錯的啦！

　　月下老人賜的是家庭婚姻的倫常愛情，如果是求野桃花的小王、小三千萬別去，免得挨罵！此外，月下老人可不幫人斬爛桃花，所以也別來鬧了！不過，已婚男女經過月老神像時，以一般禮儀感謝祂保佑家庭婚姻和合美滿，這當然沒問題囉！

▋ 中秋、七夕拜月老

　　月下老人隨時可拜，每月十五之夜效力更強，除了花好月圓外，滿月的磁場能量也是強大的魔力！

拜月老的供品

供品	象徵／用意
鮮花	愛情
紅棗	早找到
桂圓	富貴圓滿
喜糖	喜訊
夾心餅	兩人同心
桃子	桃花
蘋果	愛情與熱情
紅色或粉紅色衣服、全新口紅和粉餅	女性可另外準備，以增加自己的魅力

　　農曆八月十五日月下老人聖誕、七月七日七夕情人節，當然都是祭拜月老的大日子。

　　祭拜月老非常風行，很多廟宇都會準備好「套裝供品」供信徒結緣，當然你也可以另外特別準備，以鮮花、水果、甜餅、甜糖為宜。如果因而有喜事降臨而訂婚，可別忘了帶喜餅去還願喔！

　　拜月老有一些小小的禁忌：

　　不要戴帽子和太陽眼鏡，這樣月老才能看清楚你的模樣；服裝要端莊，勿妖豔，因為月老賜的是正緣，不是賜爛桃花的；傘不能帶進月老殿裡，不然就容易「散」囉！如果拜梨子，千萬不要剖開和情人分食，以免「分離」……

　　這些都是通用的基本祭拜禮儀。

▌全臺最受歡迎的月老

　　臺灣沒有主祭月下老人的古蹟級廟宇，但配祀的倒是不少，二〇一四年曾做過網路票選，前五名分別是：臺北霞海城隍廟月老、臺南大天

臺南重慶寺供奉的月下老人有「醋矸」加持，欲挽回感情之時要誠心祈求。

后宮月老、臺北龍山寺月老、臺南祀典武廟月老、臺南重慶寺月老，聽說拜了保證終結單身、絕對鎖死！

其中，臺北霞海城隍廟月老以超過百分之四十的票數獲得壓倒性勝利，連老外也慕名而來；廟中月老金身於一九七一年奉請至今，香火越來越盛。到此祭拜不用擔心，廟方已經幫信徒準備好紙錢、鉛錢、紅絲線、喜糖等套裝供品，另備有喜餅、喜糖、平安甜茶供香客食用討吉祥。

臺北霞海城隍廟祭拜 TIPS

1.品嘗廟方準備的平安甜茶時，不要把茶吹涼，以免好事「吹」了！
2.祭拜後將鉛錢、紅絲線在香爐上順時鐘繞三圈過爐，然後放在包包裡或小心保存，讓它們揮發磁場的力量，幫你招來桃花運！

臺灣配祀月老的古蹟級廟宇有哪些？

城隍廟配祀	三大城隍廟的臺北市省城隍廟、新竹市都城隍廟、臺南臺灣府城隍廟，以及霞海城隍系統的臺北霞海城隍廟、臺北松山霞海城隍廟、高雄市霞海城隍廟等。
媽祖廟配祀	臺中旱溪樂成宮、彰化鹿港天后宮、臺南大天后宮、正統臺南鹿耳門聖母廟、臺南鹿耳門天后宮等。
一般廟宇配祀	臺北龍山寺、新竹市普天宮、臺中市元保宮、臺南祀典武廟臺南天壇、臺南市保安宮、高雄武廟、宜蘭補天宮、花蓮勝安宮等。
佛寺配祀	臺南重慶寺、臺南大觀音亭等。 觀音菩薩雖是出家人，但也保佑善男信女的婚姻喔！

許多配祀月老的廟中都有註明求取月老紅線及還願之法。

求取紅絲線之法
一、誠心祈求月老公賜予美滿姻緣。
二、取盤中之紅絲線乙條，隨身攜帶即可如願。（請勿將紅絲線掛在月老公的拐杖上）

還願之法
一、虔心感謝月老公恩賜姻緣。
二、配得良緣夫婦同心，存善念、行善事、說善言；即是還願。（請勿將紅綢披掛在月老公之膀上）

打小三，找城隍夫人就對了？

城隍夫人是地界的神侶，不受天神不能戀愛的影響，再加上祂和城隍爺有實際經營婚姻與家庭的經驗，頗有馭夫之道，於是就成了最喜歡也最適合撮合佳偶的神選。至於土地婆，因為百姓覺得祂太現實，所以較少人祭拜。

相傳元文宗加封大都城隍爺為護國保寧王時，為了協助城隍爺處理一般家庭事務，便配祀了城隍夫人，加封護國保寧王妃，這是有城隍夫人的正式史料之始，同時，城隍夫人這個職位也受皇帝敕封過，是正神職位，有些地方的城隍夫人還會陪同城隍爺一起出巡呢！

大老婆的反擊

城隍夫人看起來是因夫而貴，其實不然，一般女性大神都未婚，所以城隍夫人代表的是人間家庭與夫妻的倫常，也是相夫教子的典範。當然，一些女人家的閨密問題，同樣身為女人，是比較好啟齒討論並出手相助的，譬如大老婆的反擊——打小三，城隍夫人應該不會手軟。

城隍夫人有月下老人求姻緣的功能，信眾祈求婚姻時禮儀同月下老人。此外，城隍夫人還能幫忙斬爛桃花，以及專治夫妻失和、家庭糾紛、小孩管教等家務問題，這時禮儀則同一般祭拜。

城隍夫人是人間女神，可以再多用神明專用的胭脂、水粉、花簪等祭拜，現今也有人以真的化妝品取代。

全臺最有名的城隍夫人

許多縣市的城隍廟都會配祀城隍夫人，如基隆城隍廟、臺北霞海城隍廟、新竹城隍廟、苗栗城隍廟、臺中城隍廟、

城隍夫人小檔案

● 起源：皇帝賜婚
● 功能：求姻緣、斬爛桃花，處理夫妻失和、家庭糾紛、小孩管教等家務問題

彰化城隍廟、嘉義城隍廟、高雄市霞海城隍廟、宜蘭城隍廟、花蓮城隍廟……民眾都可以去親近祭拜。

　　城隍夫人裡最有名的當屬臺北霞海城隍夫人。相傳以前霞海城隍爺五月出巡時，因為天氣酷熱，一些小姐女士容易中暑，當時民智未開，認為是被城隍爺看上以致煞到，就雕了一尊城隍夫人金身為城隍爺娶親，幫祂安家也安心。女信徒認為，只要把夫人腳上的三寸金蓮繡花鞋帶回家放在床頭，便能夠馭夫有術並「鎮壓」老公別在外面亂來，因此常來偷換夫人腳上的弓鞋回去，現在廟方已製作弓鞋供香客結緣，稱為「馭夫鞋」或「幸福鞋」，只要拜拜後過個爐，便可以請回去當鎮夫法寶。不過，夫妻以和合為貴，不要相互猜忌，把馭夫鞋當成「愛情御守」應該比較恰當一點！

求姻緣、求夫妻感情順利，還可以找城隍夫人。

女人不能看城隍爺出巡？

　　城隍夫人起源於皇帝賜婚，所以城隍爺成親被視為理所當然。以前一些老人家因為怕家中女生被城隍爺看上而中煞，或是娶去當夫人而折命，所以不准家中女人看城隍爺出巡。這當然是俗人的揣度，城隍爺是正神，不會也不敢強娶民女，不然頂頭上司可饒不了祂，只是，這也反應出古時許多官爺是會搶民女的。

七娘媽、九天玄女、嫦娥與織女都是紅娘？

一般來說，只要是女神，都喜歡信徒家庭美滿，充滿人倫之樂，所以都有祈求愛情、婚姻、家庭、育兒的功能。

想祈求婚姻，除了婚姻之神女媧、月下老人、城隍夫人外，七娘媽、九天玄女、嫦娥與織女也都能保佑與促成信眾們的婚姻唷！

▌交單身名單給月老的七娘媽

七娘媽是兒童的守護神，孩子成長到十六歲時，人們做「成年禮」答謝祂的照顧，之後，每年七夕時七娘媽也會把人間未婚男女的名冊呈報給天庭轉交月下老人，查看有無遺漏或是應該促成的——七娘媽延續祂愛護孩子的心情，繼續保佑青少年的婚姻！

▌美麗的女神──九天玄女

九天玄女是先天陰氣的神格化，陰氣的功能是負責生育與撫養，而生養需要透過婚配，所以九天玄女職掌之一便是姻緣。

九天玄女在漢神中是非常美麗的女神，並且因為是先天女神，所以神通廣大，人們都非常喜歡祂來當媒人。

▌愛情的象徵──嫦娥

嫦娥是堯時代射日英雄后羿的妻子，偷吃了王母娘娘給后羿的不死藥，飛上了月亮的廣寒宮。

民間供奉的太陰星君就是嫦娥，也是有情人祈求好姻緣的神明。圖為清水祖師廟的太陰娘娘。

月亮是愛情的象徵，所以中秋節拜月亮也是情人求姻緣的時候，嫦娥也因而成為美麗的紅娘。

▌中國情人節的女主角——織女

織女是大家耳熟能詳的女神，是織女星的神格化，也是俗稱的七娘媽！傳說中有兩個祂的故事：一個是七仙女與董永，收錄在二十四孝的〈賣身葬父〉；一個是牛郎與織女，故事雛形在西周《詩經・小雅・大東》就被提及，織女是中國情人節的女主角，自然也是姻緣之神。

常有人會去拜地方的姑娘廟或烈女廟等求婚姻，認為「女人總會疼惜女人」，不過這是屬於鬼魂的陰廟。也有些人喜歡拜狐仙求桃花，但狐仙不是正神，是動物靈，所以也是陰廟。一般來說，陰廟大多是特殊行業人士求爛桃花吸引異性或求取橫財才會拜的，正道信仰的人忌貿然嘗試。

求姻緣除了可以找月下老人，也可以拜託七娘媽、九天玄女、嫦娥、織女等女神哦！

註生娘娘與
臨水夫人等
唱搖嬰仔歌的婆姐們

傳統漢族的婚姻是宗族式的，養兒育女延續血脈是各
房的「神聖使命」，也是「天職」，所以負責生育的
註生娘娘便有著崇高的地位，縱使今日，註生娘娘也
還是熱門的祭拜神選之一！
除了註生娘娘，你知道求子也可以祭拜臨水夫人嗎？

註生娘娘就是臨水夫人？

註生娘娘手持生育簿與筆，登記人間生產與子嗣的事宜。臨水夫人與註生娘娘的神務雖有許多部分是重疊的，但並非相同神尊，也不是分身而出……

求子的宗教儀式起源得相當早，周朝的《禮記‧月令》、《尚書‧大傳‧鴻範》就已出現，稱「高禖」或「句芒」，而《山海經‧海外東經》中將句芒神描述成為鳥身人面（古代傳奇中的人物大多有這種人獸合一的圖騰觀點），這裡可能是受到母鳥護雛的影響，而且和西方傳說嬰兒是由俗稱送子鳥的歐洲白鸛（常被誤認為鵜鶘）送達的說法有異曲同工之妙。到了《漢書‧枚乘傳》的註解就說明當時已建有禖祠，也就是求子廟，連皇帝、太子都必須祭拜。

至於註生娘娘起源於何時則沒有定論，不過可以推斷，是將流傳的句芒求子神給基層化、女性化，以符合民間婦女的需求，現在流傳註生娘娘的助理婆姐們的原型，便是鳥身人面，可見傳承了句芒神的信仰。

▍專職產婆──註生娘娘

註生娘娘現今流行於閩南一帶，而漢族信仰習性慣給神明一個身世，便稱《封神演義》中執掌混元金斗（產盆）的三位仙姑就是註生娘娘的前身。不過，有些地區會以地方女賢為當地的註生娘娘，如臺南城隍廟奉祀的便是明朝趙貞、高雄市橋頭註生宮則為林照雪。

此外，也有人說註生娘娘是碧霞元君或臨水夫人。碧霞元君是東嶽泰山的女山神，是華北地區的信仰，與閩南差距過遠，且功能與生產並無關聯，所以應該是訛傳。至於臨水

註生娘娘
●造型：頭梳髮髻飾以珠寶女冠
●功能：受孕、妊娠、生產、養護、教育等生育過程

176

夫人，就是大家耳熟能詳的陳靖姑，祂是唐末人，結過婚，後來學閭山道法，是三奶派始祖。因其為女神，且臨死誓言死後若不能解救世人產難，則不為神，所以除了是法祖外，更是生產、婦女與兒童的守護神，信仰從福建流傳到東南沿海乃至東南亞。

　　如果從地緣和功能來看，臨水夫人的部分神務確實與註生娘娘是重疊的，而且較具規模的臨水夫人廟與註生娘娘廟都會配祀婆姐等從神。雖然祂們有很高的重疊性，但臨水夫人曾受朝廷敕封，頭戴輕便型鳳冠（便於戰鬥），註生娘娘則未受敕封，頭梳髮髻飾以珠寶女冠，應該是不同的神尊，也不是分身而出，只是功能部分相同，並且若干儀式相互流用。不過，註生娘娘是專職產婆，所以在這方面的知名度倒是略高聖母級的臨水夫人一籌。

▋求孕才能祭拜註生娘娘？

　　受孕、妊娠、生產、養護、教育等生育過程，這些都是註生娘娘的神務，而非只是求孕而已，所以懷孕婦女安胎、順產與小孩十六歲前的養育，都可以祈求註生娘娘幫忙。

　　祭拜註生娘娘除了一般供品外，還可準備如下：

（上）註生娘娘雖未接受過朝廷敕封，但為道教承認的正神，所以有些廟宇也會對祂鳳冠加身。臺南重慶宮將註生娘娘與臨水夫人並列受祀。
（左）山海經中的句芒（鳥身人面）為註生娘娘及助理婆姐的信仰原型。

●鮮花：以百合花最適宜，象徵百年好合、花開（生子）富貴，求男用白花，求女用紅花，可用十二朵，因為婆姐有十二位。

●水果：象徵結果。蘋果最宜，象徵平安富貴；柳丁很不錯，會出壯丁；桃子會繁殖兆子。多子的水果也很吉祥，如木瓜、哈蜜瓜、西瓜、葡萄等；無子水果則避免，如無子西瓜、香蕉、甘蔗、椰子等。

●花生：象徵開花結果，祭拜後可以敲破殼食用，象徵破殼得籽。

●糖果：小孩喜歡吃的糖果、餅乾、零食皆可。

●熟蛋：象徵有子嗣，祭拜後可以敲破殼食用，象徵破殼而出。

●甜湯圓：有生子的涵義。

●早生貴子：紅棗、花生、桂圓、蓮子。

如果夫妻兩人能一起祭拜最好，中午以前（陽氣生）求生男，中午以後（陰氣生）求生女效果最好。如果因而得子（女），別忘了在滿月時以麻酒雞、油飯、紅蛋等來酬謝娘娘喔！

■ 註生娘娘的助理拍檔

註生娘娘的配祀有四位、六位、十二位、二十四位、三十六位不等的婆姐（或稱婆祖），一般以十二婆姐最常見，傳說祂們是鳥身人面，所以又稱「鳥母」。

有的註生娘娘會配祀花公、花婆（如臺南開隆宮等），傳說每

註生娘娘的陪祀婆姐。

個人的元神宮中都有花叢，花叢中的白花象徵男孩和數目，紅花象徵女孩和數目，花公、花婆照顧著這些花朵，使之茂盛亮麗，以便出生之後健康平安。

　　古時小孩最怕牛痘（天花）傳染病，所以有的註生娘娘還會配祀痘公、痘婆（如彰化市開化寺），祈求小孩免於發疹。清朝順治、同治兩位皇帝都死於天花，當時宮內還大肆舉辦過祭祀痘母的儀式！

雙手分別持拿生育簿和金筆的註生娘娘神像。

臺灣廟宇愛配祀註生娘娘

　　臺灣主祀註生娘娘的古蹟級廟宇不多，但廟宇配祀註生娘娘的比率很高。高雄市橋頭註生宮內有清朝嘉慶年間「帝命率育」匾額，表示天帝獎勵生育，娘娘使命果然重大！

　　註生宮的註生娘娘元神是地方女賢林照雪，誕辰為農曆三月十二日，並非一般的三月二十日，若要在其誕辰日前往祭拜，可別記錯時間囉！

　　宜蘭市南興廟是一間蓋在南館市場天臺上的小廟，內有光緒年間的匾額，來頭不小，是宜蘭力推的宗教觀光勝地；相傳清朝時宜蘭市出了一位進士，依禮土地公可以加官帽，因此南興廟的土地公是戴官帽、著官服的。有了帝匾級註生娘娘和官帽土地公雙重加持，祈求好孕勢必更加靈驗！

臨水夫人與祂的婆姐們

　　臺南成年禮習俗「做十六歲」當中，除了祭拜七娘媽，也要祭祀臨水夫人，便可知臨水夫人同時兼具註生娘娘與七娘媽的功能（話說註生娘娘也有七娘媽的功能，但因為賜子太專業，所以就被專注於註生這一個功能）。

　　相傳，乾隆皇帝封賜臨水夫人陳靖姑為皇君太后，道光帝皇后尊稱祂為皇君母娘、陳太后，是少數太后級的神明；另外，雍正皇后宣封為天仙聖母、咸豐皇帝敕封順天聖母。順天聖母陳靖姑和天上聖母媽祖為漢族唯二的聖母。

　　陳靖姑是福建當地一位巫覡人員，二十四歲時在一次法會中祈雨成功，不幸體力透支身亡，當時祂已懷有身孕，村民於是建「順懿廟」祭祀祂，建廟後就不斷被傳奇化和神格化，且大部分與祈雨、斬蛇、救產有關。

　　閩江一帶水草多，所以蛇多，蛇在漢族裡是五毒之首，被視為妖精的化身、瘟疫的傳播者，所以降祛蛇祟是民間重要的法事，同時斬蛇也就等同斬妖除瘟。南宋偏安南方時，賜臨水夫人封號和匾額，從此便揚名於閩江一代，清朝福州方言小說《閩都別記》收錄了祂完整的故事。

▌兼職助孕的婦女聯盟守護神

　　臨水夫人除了有道教法力外，也和註生娘娘一樣有保護生育的功能，此外祂更會將法力用在保護婦女、兒童、家庭等各種事務上，是婦女聯盟的第一守護神。

　　臺南成年禮習俗「做十六歲」中，除了祭拜七娘媽，也要祭祀臨水夫人，便可知臨水夫人同時兼具註生娘娘與七娘媽的功能（話說註生娘娘也有七娘媽的功能，但因為賜子太專業，所以就被專注於註生這一個功能）。

　　由於臨水夫人被賜封皇家太后，因此陣仗非同小可，旗

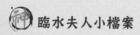
臨水夫人小檔案

● 造型：頭戴輕便型鳳冠
● 最高官銜：順天聖母
● 功能：保護生育，以及保護婦女、兒童、家庭等各種事務

180

下有三十六宮妃、七十二苑玉女，應是比照皇帝三宮六院、七十二嬪妃的編制而來。後來因為送子神崇拜的緣故，也稱呼祂們為三十六婆姐、七十二床母（床母是床的擬神化，並沒有固定形象）。

▌祖廟認定的臺灣臨水夫人廟

　　若為求子嗣而祭拜臨水夫人，禮儀和註生娘娘相同。鴨子會游泳，相傳曾在夫人白龍江大戰蛇精時相助，所以供品不祭拜鴨肉。

　　距今已有一千二百多年歷史的福建省古田縣臨水宮是臨水夫人的祖廟，每年都舉辦陳靖姑文化節，現在臺灣被其認定的廟宇共有三間，分別是：臺南臨水夫人廟、臺南市臨水宮、宜蘭羅東爐源寺。

　　臨水宮祖廟曾於二〇〇九、二〇一四年在爐源寺與臺灣

臺南大天后是宮臨水夫人與註生娘娘並祀，居中的是臨水夫人陳靖姑。

臨水夫人的十二婆姐是哪些？

傳說，五代時期閩國的開國君主閩王心性仁厚，他有三十六個嬪妃被大白蛇所吞噬，因臨水夫人相救才起死回生，便追隨夫人爲徒，祂們都有明確的名號。因爲三十六婆姐數目太多，神像或陣頭不易備齊，後簡化爲十二婆姐，相傳發源於臺南麻豆一帶。

臨水夫人的十二婆姐應是延續三十六宮、七十二苑名稱，以「宮」爲稱呼：總管大娘、二宮黃鶯娘、三宮方四娘、四宮柳蟬娘、五宮陸九娘、六宮宋愛娘、七宮林珠娘、八宮李枝娘、九宮楊瑞娘、十宮董仙娘、十一宮何鶯娘、十二宮彭英娘。

順天聖母協會主辦下赴臺灣巡遊，造成轟動，爐源寺並資助臨水宮祖廟蓋了香客大樓，法脈關係親密。

臺南臨水夫人廟建於清朝乾隆年間，主祀臨水夫人、三奶夫人、註生娘娘、花公、花媽、三十六宮婆姐等，是臺灣最古早的臨水夫人廟，稱爲開基臨水夫人廟，也是編制最齊全的古蹟級求子廟。廟中的雕飾藝術摒除一般廟宇嚴肅的氣氛，充滿溫馨，三十六婆姐面目表情不一，但都栩栩如生，表現出育兒過程中喜、怒、哀、樂各種不同心情感受。

信仰中的三十六婆姐和十二婆姐不但表情情緒不一，連照顧嬰兒的性別、聰愚、孝賢也不一樣，這除了是百態寫實外，也在告誡世人，子孫肖與不肖都與因果及教育有關，不全是天神做得了主。此外，三十六婆姐和十二婆姐都是站姿沒有坐姿，用來象徵育兒的辛勞和不得閒。

▌ 三位奶媽助好孕

相傳陳靖姑、林紗娘（九娘）和李三娘是結拜姊妹，合稱「三奶夫人」，在道教成「三奶（夫人）派」，是「紅頭師公」法祖，專責廟宇慶典作醮與個人吉慶祝禱的儀式，現今也處理一些私人的祭改。另一個是「黑頭師公」，則是主祭張真君的「法主公派」，該派以處理私人事務，如喪禮法事、超渡驅邪、祭改惡運爲主。

高雄大社碧雲宮俗稱「三奶廟」，祭祀三奶夫人，是臺灣最早的三奶廟，建於清康熙年間，該村甚至還命名爲「三奶村」（現改爲里），可見該廟是地方信仰中心。

第三篇

地方神祇

土地福德
【土地公】

土地公

巡頭看尾，帶路牽亡

福德正神，百姓暱稱祂為土地公或伯公仔，是民間最常見、負責事務最多，也是道教中最基層的神明。雖然土地公一般不著官服、不擺官腔，但可別以為祂沒有神階，所謂福德「正神」就已經說明，官雖小、人雖親，但還是個「正神」！

土地公職位雖小，卻凡事可求；一般以里為區分，但有時一里有數個土地公，有時數里共祭一尊，只要祭拜方便，感覺有緣即可，人間現在已經做到網路連線跨區服務與業務整合，土地公自然也有這種功能，對於住家與工作所在地的土地公，千萬要記得去「拜碼頭」喔！

土地公很忙

「田頭田尾土地公」，除了表示土地公巡頭看尾外，也說明祂們無所不在。土地公化整為零、螞蟻搬象的龐大力量絕對不能忽視，如果有個「全國土地公總工會」，力量應該足以左右玉皇上帝的政策。

土地公源自對土地的自然崇拜，而土地又跟農作物相關，兩者是相結合的。

▌鄉里級守護神

早在周朝，就開始祭祀的八種土地農作神稱為「八蜡」（見「盤古、伏羲、神農」章），其中的「郵表畷」是田間小亭之神，可視為土地公祭祀觀念的前身。

《左傳》說：「社稷之神為上公。」「社」是大地土地之神，「稷」是天下五穀之神，周天子每年祭祀社稷兩次，是中央級的大祭祀，就跟祭天一樣。後來在國家級信仰裡，大地土地神發展成后土（承天效法厚德光大后土皇地祇，簡稱后土皇地祇），後又發展成道教的地母；而天下五穀神則發展成神農大帝。

清《淥水亭雜識‧卷二》提到：「建置官署，必立土穀祠。」土穀祠就是社稷祭祀的基層化，「土」指的是鄉里的土地公，「穀」指的是聚落的五穀神。

土地與農作結合的信仰一直持續到清朝，也因為百姓的信仰與祭拜而鄉里化。

▌城隍爺的樁腳

隨著時代商業化，土地神便從社稷裡分離出來，當然祂也會保佑農作豐收、六畜興旺，不過功能範圍更廣，諸如聚

土地公小檔案

●功能：保佑農作豐收、六畜興旺、聚落安定、闔府平安、百業旺盛、生意興隆、助人發財等
●坐騎：虎爺
●供品：酒、甜食等

明朝土地公廟會遍地蓋，是因為朱元璋出生在小土地公廟裡？

這個說法是從明朝《琅琊漫抄》而來，但是無從考證。不過，明朝是土地公廟全面展開的時期，則是可以確認的。《西遊記》就有寫到，孫悟空三不五時就把當地土地公調出來打聽情資；除此之外，學者統計《西遊記》裡出現頻率最高的角色時甚至發現，除了五位取經主角外，第六名就是土地公啦！可見明朝時土地公信仰已深植民間。

落安定、闔府平安、百業旺盛、生意興隆、助人發財等，不再局限於農作。

到了今天，人民認知中的土地公，不但是村里級的守護神，相當於村長、里長，甚至也是城隍爺的「樁腳」，因為祂離百姓最近，情資最清楚不過，就連拘提或相請亡魂到城隍廟報到，有時也需勞煩土地公帶路、作陪。

除此之外，不管廟中、家裡、墳墓、亡靈……等祭拜，也都會附帶燒一些四方金（四方金又叫土地公金、刈金、福金等，上面印有金箔或葫蘆圖案，以及四方金之字樣，用來祭祀土地公、財神爺等神明）給土地公，感謝祂巡頭看尾及帶路等。

▌土地公的另類任務

除了前述的工作，土地公還肩負了幾個百姓的寄託：

土地財神

首先是財神。土地公之所以變成財神，一般說法是因為祂會保佑農家五穀豐收、商家生意興隆、民家六畜興旺，如此自當會有一筆安定的安家之財。

至於更深入的說法，應該是漢族大都相信「有土斯有財」，所以土地公便是土地財神，保佑黎民買田立厝，讓家族愈來愈富有，正因為這樣，也有很多人會在家裡擺設土地公來祭拜。

調停委員會主委

此外，凡是土地神都有司法（官司）的功能，土地公類似地區調停委員會主委，鄉里小事不用鬧到法院打官司，請土地伯伯作主就可以了。

早期農家裡的神明廳，最中央放的是福德正神塑像，後面還掛有其他神明的圖畫。

鄉野林邊的土地公廟。

守墓人

　　土地公的另一個任務便是看護先人墳墓。現在的墳墓前都會設一個「后土」的小石牌，民間傳說那就是土地公，掃墓時要先祭拜「后土」以茲感謝，之後再祭祖。

　　不過，要說「后土」是土地公，可能還有待討論，因為后土的全名是「承天效法厚德光大后土皇地祇」，是整個大地之神的意思，所以墳墓后土的用意應該是亡者葬於大地、歸於大地，承蒙大地之神的照顧。除此之外，有的習俗還會在后土另一邊做個「龍神」的小石牌，龍神在此指的是整個山脈走勢風水的神格化，也是大格局的神格，用來保護墳墓堅牢與風水，所以，后土指的應該不是土地公。

　　話雖如此，土地公會對轄區裡的墳墓巡頭看尾，卻是肯定的，有的墓區還會特別塑立土地公神像或土地公廟來守護墓區，可見土地公是會看守先人墳墓的，所以大家還是要謝謝祂啦！

手拄枴杖的里長伯仔

土地公相關的傳奇中，最符合祂基層公僕身分的應該是「家僕說」：周朝時有一位官宦人家的僕人張福德，為了保護主人幼女而凍死，因其忠心，被天帝封為土地公。這當然是個傳說，周朝時土地公還沒出現，而「福德」指的是這個職位是由有福德的靈魂來擔任，並非人名。

現在基層土地公是員外老爺（象徵親民有福德）、手拄枴杖（象徵地方耆宿）的造型，最晚誕生於宋朝。

據載，廈門仙岳山土地公宮便是初建於宋朝，而且宋朝時可能就有皇帝敕封土地公官銜。南投縣鹿谷鄉清水村福德宮的土地公金身，據學者判斷，應該源於宋朝，左右還配祀文、武判官，接受過宋真宗冊封。

土地公的老婆、兒女和坐騎

南宋之後，有的土地公祠開始多了土地婆。城隍爺、土地公是人間神職的職稱，由不同的賢靈調任，並非天神（但為正神），所以凡人便順理成章地認為祂們應該有個夫人，尤其元朝皇帝還曾賜婚京都城

手拄枴杖，象徵地方耆宿。

外型為員外老爺，頭戴員外帽，象徵親民有福德。

一九九六年營建的土地公大神像是南山福德宮的最大景觀。

隍爺（見「月下老人、城隍夫人等」章），相較之下，土地
公這樣親近百姓的伯公仔，幾乎跟人類沒有距離，有個伴似
乎也更符合人間的家庭倫理象徵，而地方一些土地公主動託
夢要娶土地婆的故事也時有所聞。

「小鼻子小眼睛」的土地婆

土地婆表現出的「風範」，正是漢人眼中婦道人家眼光
狹小的偏見。

話說有一回，玉帝問土地公和土地婆「政見」，土地公
是儒家理想主義者，說要人人都賺大錢；土地婆則認為貴賤
自取，如果人人都有錢，那麼誰來抬轎子、誰來挑大便？因
此，百姓都喜歡土地公，不喜歡土地婆，而讓土地公坐中間
大位，土地婆坐旁邊小位。

不過，一山本來就不容二王，土地公是主神、土地婆是
配祀，本就該坐小位，有些土地祠將兩者塑成一樣大小並坐

正確的祀位，土地公應坐中間大
位，土地婆坐旁邊小位。

反而是錯的，漢族數術裡，奇數屬陽、偶數屬陰，正神應該奇數尊，不能偶數尊。

蛇是土地公的兒女？

城隍爺相傳有兩位公子，但土地公、土地婆這對「老尪老某」倒未傳出有子女。

不過，民間一般都認為蛇是土地公的兒女，因為蛇沒有腳，全靠腹部在土地蠕動而行，所以跟土地最親。其中，黃頭蛇（草尾仔蛇，學名草腹鏈蛇）便是土地公兒子的化身，俗稱土地公蛇，因為黃頭蛇性情溫和、無毒，還會吃掉蛙類與昆蟲，被視為莊稼的「益蛇」；一般的雌蛇則被視為土地公的乾女兒，雄蛇則是祂的使者。

臺灣土地公名廟南投竹山紫南宮一九八〇年開挖整修時，發現地底下有個藏有千隻草花蛇的蛇穴，地理師說這裡是蛇穴靈地，這些蛇是土地公的護衛，所以僅將蛇穴上鎖，沒有封死。

以虎爺為坐騎

土地公的坐騎是虎爺。許多土地神都以老虎為坐騎，以便巡視鄉野以及驅逐妖孽，如城隍爺、王爺等，所以祭祀土地公時應該注意供桌底下是否有虎爺，若有，不妨以雞蛋祭拜。

許多土地神都是以老虎為坐騎，以便巡視鄉野、驅逐妖孽。

打牙祭——土地公的祭祀

　　土地公官銜雖最小，但因為最接近百姓，祭拜的情況反而最頻繁。不過，一般家庭與商家祭拜土地公的時間可是不一樣的！

　　一般人家於每月的農曆初一與十五會準備豐富一點的菜餚祭拜祖先神主牌，後來便與土地公一起祭拜；至於商家，則選定初二與十六，以與民家區隔。

▌頭牙和尾牙

　　商家拜土地公稱為「做牙」，「牙」這個字的由來說法不一，有說是商業模式裡的居中介紹人，有說是祭旗時旌旗上面的獸牙，有說是古代以象牙祭奉祖先，有的說法更是直接，祭拜時有好料理可以祭祭牙齒、打打牙祭。

　　後來社會商業化，就都把祭拜土地公稱為做牙，農曆二月二日是土地公生日，為每年祭拜土地公的開始，稱為「頭牙」，十二月十六日是最後一次，稱為「尾牙」，現已變成全民活動，不分農家、民家或商家了。

　　除了重大節日祭拜土地公必須三（五）牲四果外，其餘時間一般菜飯即可；漢族民間習俗，階級愈低的神明供品愈生活化，以示親民，不用每個月兩次，還都要大費周章。

　　不過，土地公是老者，有些老頑童的習性，尤其喜歡酒（久）、花生（生）、麻糬（黏）等庶民美食，除了美味還有吉祥的意思。

　　此外，老人家返老還童，喜歡甜食，也可以拜甜粿、糕點、糖果、米粩等，但老人家牙齒不好，供品選軟一點的為佳。

民間祭祀土地公，除了一般祭品之外，還會以花生（生）、麻糬（黏）等庶民美食祭拜。

臺灣三大土地公廟

全臺有登記的神廟，數目最多的便是土地公廟——嚴格說來應該是「土地公祠」，也就是村里等級的祀廟，而且這還不包括未登記的。早期物資缺乏，加上是以農業為主的社會型態，許多人家就在自家稻田旁奉祀土地公，把守水源與農田，而土地公祠就在大樹底下用幾塊石頭與石板簡單堆疊而成，隆重一點的則像一張茶几或矮桌大小的磚屋，因為簡單隨和，所以處處可見。

後來的人在改建土地公祠的時候為了保持其原貌，就把原廟也保留在新廟裡，或把原龕置在新龕裡，形成現在土地公祠常見的廟中廟景象，如新北市烘爐地南山福德宮、九份福山宮、臺中牛埔仔土地公廟、彰化社頭張厝土地公廟（永安宮）等。

臺灣土地公廟以北部新北市南山福德宮、中部南投紫南宮、南部屏東車城福安宮為代表，稱為「臺灣三大土地公廟」。有趣的是，人們是把三大土地公廟當成財神廟在拜，二〇一五年網路調查十大財神廟，它們囊括前三名，分別為第二、一、三名。

新北市烘爐地南山福德宮是北部知名廟宇之一，該宮的土地公甚至被稱為「土地公王」，清朝乾隆年間以簡單的石板堆疊成祠，祭祀由漳州府紹安縣帶來的土地公香火，因為靈驗，所以歷經改建，終成今日規模。

南山福德宮主祀土地公，財神爺玄壇真君與文昌帝君等反而成了配祀。

南山福德宮正殿全部由石板所砌成，原是民國四十一年重修的舊廟，後來再重修時，直接在舊廟上蓋新廟，形成「廟中廟」的景象。圖為原始小廟。

網路票選十大財富廟，三大土地公廟就強占前三名。

福德宮最大的景觀，便是在一九九六年營建的土地公大神像，立於山巔守護大地，同時在平地就可遠遠望見。南山福德宮因為全天開放，很多特殊行業者晚上會來此祭拜，加上另一山頭便是春秋墓園，令膽小者生疑。

南投竹山紫南宮建於清乾隆年間，宮內有土地公、土地婆，還有百年的石製香爐和石頭公，因為借發財金給信眾而極富盛名，成為觀光市集。

紫南宮的服務中心前還有一隻碩大的「紫南宮金雞」，不但會生金蛋，還可供人撫摸求財、貼金雞金箔呢！

屏東車城福安宮前身敬聖亭建於明鄭時期，後來瘟疫流行，便從中國迎來土地公祭祀，歷經改建後，目前共有六層樓，完全是大廟格局，號稱東南亞、甚至全世界最大的土地公廟。

清朝名將福康安在車城先後平定莊大田和林爽文之亂，乾隆皇帝賜封福安宮土地公，現在的土地公神像不但大尊，而且著王冠、龍袍，位比王爺，「神氣」非凡，可謂是全臺神階最高的土地公！而廟前的兩隻大型石獅，也是全臺罕見的純石雕石獅，是稀有的傳統工藝。車城有三大名產：綠豆蒜（綠豆仁）、鴨蛋（鹹鴨蛋、皮蛋）、洋蔥，來這裡，不妨也都三個願望一次滿足！

■ 晉升王爺戴官帽的土地公

如果地方子弟考上進士，所在地的土地公可以戴官帽，

這官帽稱為「宰相帽」，以和王爺帽有所區別，這時，祂就不是村里長，而是王爺或城隍爺等級了！

新北市蘆洲區的土地公王，是蘆洲區最早的土地公，管轄十九個里，轄區占蘆洲區之半，但因馬路拓寬，土地公祠被拆，金身在外寄放二十多年，但仍於地方廟會時擔任重要角色，所以被稱為土地公王。二〇一三年，地方人士找到廟地重建土地公廟，並於該年農曆二月二日土地公王生日，請嗣漢天府第六十四代張天師為土地公王進行晉升法會，上疏天庭封為伯爵（神階相當縣級城隍），張天師是除了皇帝之外唯一能敕封神明的人，所以這個神階是被道教承認的。

彰化花壇鄉白沙村文德宮建於清康熙年間，是臺灣罕見的烏面土地公。相傳清道光時有「開臺翰林」之稱的曾維楨高中進士，皇帝因而敕封土地公為「欽點翰林院」、「賜進士出身」。文德宮的土地公會出巡，行城隍爺職務，但這些官銜可能是曾維楨的功名，是他把榮耀獻給土地公。

宜蘭四結福德宮有全臺最高十二·六臺尺的屋頂銅雕土地公像，主祀的土地公也是王爺造型；除此之外，嘉義市北安宮、雲林斗南小南天福德祠、南投草屯慶安宮、臺中犁頭店福德祠、苗栗竹南保民宮、新北市九份崙頂福山宮等的土地公，全都是加等過的，但尚查無敕封記錄。

雖然這頂宰相帽可能是信徒戴上的，但如果神力不夠，還是不能隨便亂戴，相傳南投市內轆的福德宮，二〇〇七年爐主幫土地公兩度戴上宰相帽，翌日卻發現宰相帽被放置一旁，經擲筊請示後才知道，土地公自認官小不敢踰越身分，百姓無不嘖嘖稱奇，可見神界也很講究「官場倫理」！

城隍爺

陰陽冥三界父母官

對土地的崇拜是人類的天性，從整個大地的后土，到整個城池之內的城隍爺，甚至街里角頭的土地公及廟境的境主公，都是土地神格化的展現。

城隍爺受朝廷敕封，是縣市級的官方守護神，也是道教承認的正神。祂不只統管冥界與陰界，也管理陽界事務，陽界縣官做不好的，城隍爺便得接手處理！

每個地方的城隍爺聖誕不盡相同，所以有各地輪流作醮、相互宴請參拜的情誼交流，可見百姓對土地、家鄉、人情的熱愛，這才是崇尚城隍爺真正的意義。

三界三權統統管

城隍神一開始是人民的護城建築崇拜，後來演變為縣市守護神。百姓在天災頻仍、司法黑暗、相信鬼魅的年代，將祂當成靈界縣太爺，為老百姓維護生活安定、社會正義及伸張陰陽兩界的冤屈。

「城」是城牆，「隍」是壕溝；「城隍」成為一詞首見於班固《兩都賦・序》：「京師修宮室，浚城隍。」不過，這裡的城隍是指護城建物，而非城隍神。

因為城隍是城池守護物，所以城隍神便延伸為城池守護神的意思。

■ 城隍爺的神格化之路

城隍神是受朝廷敕封和道教承認的正神，並非陰神，陰神的定義是陰界的大鬼，而非掌管冥界事務的神明，所以，地藏菩薩、閻王、城隍神等皆屬正神，況且城隍爺同時受理冥、陽兩界的事務，非專只負責冥界事務。

●**周朝**：《禮記・郊特牲》記載了周天子年終八蜡祭（見「盤古・伏羲・神農」章），其中的「水庸」便是溝渠神。後來水庸被擴大解釋成護城河，所以水庸神便被當成是城隍神的前身。

●**東晉**：明確的城隍神稱呼與祭祀，最晚在東晉時就出現了，而且多屬地方賢人崇拜，如東晉的蕭何、劉宋時的焦明，就被稱為城隍神。

●**唐朝**：中唐以後，吳越一帶水旱和疾疫嚴重流行，祭祀城隍神以祈福的風俗無所不在。

●**宋朝**：朝廷開始對城隍神頒賜廟額、敕封爵位，並將城隍爺列為天子祭天時配祀十大神明的第七位。

●**元朝**：雖是異族統治，但對城隍神依然恭敬，元〈大

🔵城隍爺小檔案

●執掌：陽界、冥界、陰界事務
●等級：都、省、府、縣
●地位：國祭（明朝），縣級以上的行政區皆需設立城隍廟
●臺灣三大城隍：新竹都城隍廟、臺灣府城隍廟、臺北市省城隍廟

都城隍廟碑〉：「自內廷至於百官庶人，水旱疾疫之禱，莫不宗禮之。」

●**明朝**：開國皇帝朱元璋不但明列城隍神的等級，同時將祂列為國祭，並下令縣級以上的行政區皆需設立城隍廟，城隍神因而成為專職的城池保護神，也擺脫地方賢人崇拜的加身。明《明實錄》記載，朝廷規定陽世縣官就任時，需先到在地城隍廟祭拜、請益後才能上任。

城隍爺和他的文武判官。

▌掌管三界事務

縣太爺掌管陽界縣務，城隍爺則掌管陽、冥兩界縣務，例如：安居樂業（行政）、為民伸冤（司法）、懲奸除惡（刑法）等，陽界縣官做不好的，百姓會轉向城隍爺祈求，這是城隍的「陽界事務」；若縣務不彰是鬼魅引起的，自當更要向城隍祈求，這是城隍的「冥界事務」。不過，這些事務其他大神也能夠完成，所以城隍爺比其他神明多了一項「陰界事務」：掌管轄區人民生前的陰騭記錄與死後的靈魂接管。

幕僚編制最齊全的神明

生前，城隍爺的判官幕僚們便詳細記錄、計算每個人的善惡功過，過世時由城隍廟差爺去拘提（善人則是迎接）靈魂到城隍報到初定善惡，然後將資料和靈魂送到地府閻王那邊定讞，再決定六道輪迴。

城隍廟是冥界在人間的檢查署、地方法院和轉運站，最高法庭和法官是地府閻王。雖然神階感覺上並不高，但因為是實際掌握地方行政、司法、刑法的衙門，所以城隍廟成員的編制與規格是眾神明中最齊全、最龐大的。

城隍爺的侍衛牛爺（右）、馬爺（左）的人形化。

城隍職務是兼管陽界、冥界、陰界事務，所以差爺可能追蹤人民告狀的惡人、抓拿鬼魅及拘提亡靈等，非單一功能。城隍廟大小不同，實際配置的職務編制便有所不同，以下是最完整的職務編制。

職務	功能	名稱
判官	幕僚長	文判官持生死簿＊檢閱記錄，武判官舉鐧執行刑罰
捕頭	總隊長	謝將軍（七爺）持令籤、范將軍（八爺）持手銬
護衛	侍衛	牛爺、馬爺
班頭	執行杖刑	李排爺、董排爺
押解	押解囚犯	枷爺（金將軍）、鎖爺（銀將軍）
捕快	刑警	喜、怒、哀、樂四捕快
巡邏	巡邏警	日巡神、夜巡神
師爺	公務助手	左師爺、右師爺
招魂	偵搜遊魂	召魂將軍、收魄將軍
坐騎	城隍坐騎	虎爺、軍馬爺和馬爺
部隊	防衛隊	五營兵將、三十六官將
司務	科別業務	最齊全為二十四司，各司有一主管
家眷	妻與子	城隍夫人、大公子、二公子

＊生死簿記載人既定的生死日期，功德簿記載生存期間的善惡表現，原本是兩本不同簿冊，但這裡兩簿合一。

城隍廟的另類業務──牽紅線

另外，城隍爺雖然鐵面無私，但其實也很關心百姓的婚嫁，臺灣古蹟級的城隍廟幾乎都設有月老祠，此外，城隍夫人最喜歡發揮婦道人家本色為人牽紅線，都為嚴肅的城隍廟增添許多浪漫，當然也成了城隍廟的另類業務（見「月下老人、城隍夫人等」章）。

二十四司職務表

職務	司別	執掌
主管	陰陽司	二十四司總主管
人鬼報到	速報司	收發通報命令與亡者、冤魂訊息
	來錄司	亡者、冤魂至城隍廟報到之登記
	事到司	亡者、冤魂至城隍廟報到後之處理
	監獄司	亡者、冤魂於城隍廟停留期間的管理
人鬼功過審定與執行	功曹司	記錄人、鬼特殊的善行義舉
	功過司	記錄人鬼功過
	刑法司	法令與命令之彙整與管理
	賞罰司	依人鬼功過，初定應得之獎懲
	見錄司	登錄城隍審核過的人鬼善惡功過
	註福司	執行有功賜福
	罰惡司	執行有過刑罰
地方犯罪防治	巡察司	陰陽兩界巡邏盤查
	察過司	追察記錄為惡之人鬼
	警報司	訓導、警告不法人鬼
	賞善司	褒獎、獎賞善良人鬼
地方行政事務	改原司	遷出、遷入人鬼之登記
	保健司	促使地方旱病減少、百姓安康
	人丁司	促使人口增多、鬼籍減少
	瘟疫司	依上級命令執行防止、消滅瘟疫
內部行政	庫官司	廟方財務管理（百姓燒祭之紙錢等）
	感應司	記錄人鬼祈禱事項，轉呈核決
	功考司	廟裡差爺工作狀況績效考核
	記功司	執行差爺績效考核後的記功事宜

▌城隍爺是正神，卻不是天神？

　　城隍爺是一般百姓對城隍神的俗稱，同時，也帶有官至「王爺」的意思。因為城隍爺自明朝以來即是官方祭祀的縣市級地方神，直至今日，臺灣的每個縣市至少都會有一間城隍廟；至於因為行政區重劃、民間私設等因素，一個縣市有兩座以上城隍廟也司空見慣。據統計，現在全臺約有九十二間城隍廟，平均一個縣市有四‧六間。

「城隍爺」是一個職位名稱

　　現在，城隍爺被視為一個職位的稱呼，並非某人專屬，

臺南小南城隍廟所奉祀的二城隍公朱一貴（右），俗稱小城隍，即民間所說的「鴨母王」。

採輪調制，民間認為，有福德且剛正不阿的人死後，就有可能會被封到某個城隍廟擔任城隍爺，臺中市南區城隍廟還曾以起乩的方式，發行了當任城隍爺的自傳，說祂自一九四〇年任職至今。

不過，有些地方仍無因為歷史地域因素，而是固定以某個歷史賢人為城隍爺，如柳州城隍柳宗元、蕪湖城隍周瑜、谷城城隍蕭何，還有臺南小南門城隍朱一貴。

城隍爺並非由某一個人專職（如三太子哪吒專職中壇元帥），這個職位可能是輪調，也可能是某人專任某區城隍，所以每個地方的城隍爺的聖誕不盡相同。

官階大不同

陽世間的縣市有大小之別，城隍爺也有，其中以首都的都城隍，以及掌管各縣市城隍的省城隍位階最高。

元朝的時候，開始敕封京都城隍爺為王爵；明太祖朱元璋首先建立城隍爺的分級制，共有五級（首都、都、府、州、縣），都級以上仍維持王爵的封號。

清朝城隍爺的分級

等級	現在地位	封號
都	首都、陪都、王朝發源地、首善之區	威靈公（不再封王爵）
省	省	威靈公
府	省、縣之間的行政單位	綏靖侯
縣	縣	顯祐伯

城隍爺多文人造型，頭戴官帽，身著官服。此圖為大陸的上海城隍廟。

　　清朝則分為四級三階制，取消王爵的敕封。現在臺灣已不再官祭城隍，但民間仍延續清朝的制度。

▍城隍爺的造型

　　古代縣老爺多為進士出身（捐官除外），所以多為文人造型，又因為等級尚不及於大帝或帝君官階，因此頭戴相帽（非帝帽），身著官袍（非龍袍），一些廟宇會刻意作成黑臉，以象徵鐵面無私（如包公）、救苦救難、香火鼎盛（如烏面媽）。

　　在版畫中，很多會將祂畫成頭戴有翅膀的官帽，臉部表情也比較可愛，應該是這樣比較容易親近的關係。

祭拜城隍爺的禮儀和禁忌

城隍爺沒有王爺及千歲那麼凶，但也是官署衙門，強調肅靜，所以祭拜時不宜喧譁。城隍廟因為差爺眾多，祂們可不是吃素的，祭拜時不以素食為主，但所謂「呷魚呷肉也要菜鼢」，所以如果祭祀蔬果當然也無妨。

隨著時代進步，一些拜拜禁忌在其他正廟都可以放寬（佛寺則全無禁忌），例如女人月事、服孝期間、懷孕、坐月子、生重病等，但相傳城隍廟同時主持冥界與亡靈事宜，雖城隍爺會在不同時空處理不同事務，不致與陽界干擾，但還是有人建議以上人等因為氣場較弱，避開為宜。

此外，亦有人說城隍廟（包公廟、地藏廟）日審陽、夜審陰，夜間城隍廟雖已關門，但裡面的午夜場才正上演，最好不要探頭探腦了……，以上禁忌僅供參考。

▌臺灣三大城隍廟

城隍爺是生活在人民周遭的神明，但嚴肅威武中帶有親密關係，百姓對祂又畏又敬又愛，無不百般恭奉，且因為長期列為地方官祭，因此有名的城隍廟與祭典，全臺皆是。臺灣現在有三大城隍廟，皆稱為威靈公，互別苗頭！

新竹都城隍廟是清廷唯一承認的都城隍，建於清乾隆皇帝，光緒十七年晉升都城隍威靈公，總轄臺灣城隍廟，目前圍繞廟宇而建立的商圈因香客不絕而生意熱絡，是新竹的聖地，也是臺灣知名景點。新竹都城隍廟陪祀有城隍夫人、大公子及二公子，也是全臺城隍編制最齊全的城隍廟。

建於明鄭時代首都臺南府的臺灣府城隍廟，為臺灣最早的官建城隍廟，因為是首都城隍，所以稱為都城隍威靈公。臺灣府城隍廟最知名的便是日治時代掛在正門楣上方的「爾來了」匾額，是府城三大名匾之一；除了「爾來了」，廟中

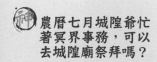

農曆七月城隍爺忙著冥界事務，可以去城隍廟祭拜嗎？

只有一個原則：廟門開著，就是要讓人進去；廟門關著就不要探頭探腦，不管煞不煞，總是沒有禮貌。有些廟宇農曆七月不開，如果農曆七月城隍廟有開，當然就可以進去。

還有一個大算盤，用來計算人的善惡功過。這兩物都令人望而生畏，說明因果條條分明、善惡到頭終須報的道理。

　　臺北市省城隍廟建於民國初年，原本祭祀臺北府城隍爺，二次大戰結束後，因中華民國首都設於臺北市，所以信眾改建為臺灣省城隍廟，主祀省城隍威靈公，當時臺北市是中華民國首都，故稱都城隍。二〇〇二年廟方為恢復正朔，又復名為臺北府城隍廟，但山門題字未改。省城隍廟位居全臺最大交通樞紐旁，繁榮異常，雖然受限於都市鬧區格局無法展開，但因公共交通便利、人潮熙來攘往，是百姓、通勤族、上班族、學生等方便祭拜的廟宇，因此香客絡繹不絕。除此三大威靈公，其餘稱為都城隍或威靈公的，都是民間私設，並無實據。

▌霞海城隍

　　除了三大城隍，其餘赫赫有名的城隍廟亦比比皆是，其中最有名的又屬霞海系統的城隍廟。「霞海城隍」在臺灣頗富盛名，祖廟是福建泉州同安下店鄉（又稱霞城）的地方神廟，康熙賜「臨海門」廟額，移民來臺後稱霞海城隍，是由地方神升格的另類城隍爺。

　　霞海城隍目前以臺北市大稻埕霞海城隍廟為首，大稻埕曾是臺北最熱鬧的市集，霞海城隍廟也因而香火鼎盛，聲名遠播，並在一八七九年開始於農曆五月十三日舉辦霞海城隍聖誕出巡，俗稱「臺北迎城隍」，是臺北地區的三大廟會活動之一，臺諺「五月十三人看人」，便是形容霞海城隍爺誕辰遶境的盛況；一九九六年，葉俊麟、遠藤實寫了〈臺北迎城隍〉傳唱至今，霞海城隍的信仰傳承不衰可想而知。

　　霞海城隍系統還有臺北市松山霞海城隍廟、高雄市鹽埕霞海城隍廟，皆香火鼎盛。

（上）日據時期十分盛大的臺北城隍祭典。
（下）新竹都城隍廟是清廷唯一承認的都城隍。

鄭成功祖廟

各類王爺

大仙細仙攏總王爺公

王爺，是民間對非帝級男性神明的普遍尊稱，有句諺
語說：「大仙王爺公，小仙王爺仔。」可見王爺種類
與數量之多。也許你並不清楚王爺的種類，但大概有
聽過「送王船」，這是先民由福建一帶所帶來，祭祀
保境神王爺請其驅瘟、保佑平安的習俗，而現在臺灣
的王爺文化已經與中國的王爺大異其趣，不但在臺灣
寶島發揚光大，甚至變成國定重要民俗。

本章以民間崇拜的保境神王爺為主要介紹對象，如此
才能對王爺信仰有正確的掌握。

從皇帝到大鬼都叫王爺

廣義來說，王爺是民間對非帝級男性神明的普遍尊稱，上自皇帝（如唐玄宗西秦王爺）、王侯將相、家鄉賢人，下至鄉野大鬼，都有人稱呼王爺，這就如武職神明，不論職階高低，民間都泛稱「將軍」，以至於上自天庭軍事首領，下至地方城隍廟的差爺，乃至鄉野大鬼等，被神化後都普稱為「將軍」。

王爺是非帝級男性神明的普遍尊稱，包含的對象眾多混亂，但嚴格來說，「王爺」定義指的是：非城隍爺與境主神的地方（鄉鎮區縣市都）保境神。

	神階	功能
	城隍爺、土地公	朝廷及道教編制各地方級神明
保境神	王爺、千歲、尊王、聖王、國王、元帥、將軍 註：這裡的元帥、將軍與五營神將的元帥、將軍意義不同，信仰裡，遇到武職的男性慣稱將軍、元帥，以示尊重。如馬祖陳湯銘將軍後晉升陳元帥、金門守護神李光前將軍	非朝廷及道教編制地方級神明
	元帥、將軍	五營神將

▋保境神王爺才是正牌王爺

城隍爺與境主神是一個職務稱謂，等同都、縣、市長或區長，不專指某人（見「城隍爺」章），但地方守護神的王爺卻專指某人，因為地方的姓氏、功能、區域關係等，而被崇拜強化為保境神──本章所說的王爺都指保境神王爺。

保境神王爺的來源

●**既有的神明崇拜**：例如岳府千歲（岳飛）、李府千歲（李靖）。

●**歷史與傳奇的賢人**：因姓氏的關係被同宗聚落祭拜，

王爺小檔案
●定義：非城隍爺與境主神的地方保境神
●主要分布：雲嘉南高沿海
●常見的保境神王爺：有五府千歲、五福王爺、開臺聖王、靈安尊王、三山國王等

如周府千歲（周瑜）、薛府千歲（薛仁貴）；因功能的關係被地方祭拜，如溫府千歲能保佑海上船隻；因區域的關係被地方祭拜，如鄭府千歲（鄭成功）流行於臺南府城。

●**地方神靈崇拜的提升**：如廣澤尊王、五府千歲。

●**地方山川土地信仰的神格化**：如青山靈安尊王、三山國王。

●**地方大鬼崇拜的提升**：如五方瘟鬼（五福大帝）。

未能列入保境神王爺的地方守護神

然而，也有一些人或神雖偶有建廟祭拜，但因信仰未展開而未列入保境神王爺，情況大致有六種：

●**歷史賢人未廣及為保境神**：古時聚落多為同姓群居，並選擇該姓氏的賢人祭拜，但只限於該姓聚落，如程九千歲（程咬金）。

●**家鄉賢人未廣及為保境神**：如王太保（王得祿，清朝臺籍人士官位最高者）。

●**主神副手未廣及為保境神**：僅限於某區域或是族群祭拜，如開臺聖王部屬陳將軍（陳永華）、開漳聖王部屬輔順將軍（馬仁，馬千歲）與輔義將軍（倪聖分，倪千歲）等。

●**事蹟、傳說未廣及為保境神**：如三百六十進士或三十六進士。

●**行業守護神**：如戲曲之神西秦王爺（唐玄宗）及各行祖師爺。

●**大鬼且未獲朝廷及道教**

臺北惠濟宮奉祀的開漳聖王像，開漳聖王陳元光和開臺聖王鄭成功是臺灣民間信仰中有名的兩大聖王。

只有號稱「千歲」的王爺才能「代天巡狩」哦。

承認為正神：如八里廖添丁、基隆老大公（無名骨骸）、狐仙等。

■ 千歲千千歲，臺灣再發光

「千歲」，是王爺的稱謂之一，主要是相對皇帝的「萬歲」而言。

臣工吏卒見到漢武帝時尊呼三聲萬歲，是萬壽無疆的祝禱，後來「萬歲爺」就變成皇帝的俗稱了。

至於「千歲」一詞的起源，相傳唐朝開國元勳程咬金就因功勞蓋天被尊為「九千歲」，明朝宦官魏忠賢也因挾天子以令天下被私稱為「九千歲」，不過以上皆未見敕封史實，只是傳聞中的稱呼。

正式的來說，親王（皇帝的兄弟）、王爺（被封為王爵者）和娘娘（皇后、貴妃）才可以稱為千歲。就宗教神階而言，漢族會稱中央級神明為某某大帝、某某帝君，因此地方級神明稱某府王爺或某府千歲，也是「恰如其分」，又明確顯示其地位在帝級神明之下，這是倫理、輩分與名分、稱謂安排的巧妙與精確之處。

臺灣千歲信仰興盛，清初臺灣「作醮送瘟」相當風行，指的便是千歲信仰的活動，尤其是溫府千歲和五府千歲最普及，並伴隨王醮慶典而聞名遐邇。

臺灣的溫府千歲和五府千歲雖然都來自福建，但在中土

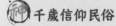

千歲信仰民俗

文化部指定的臺灣十七項國定無形文化資產重要民俗當中，王爺信仰占三項，分別是：溫府千歲的「東港迎王平安祭典」、五府千歲的「南鯤鯓代天府五府千歲進香期」、慶安宮媽祖和十二瘟王的「西港刈香」。

皆無祖廟，所以臺灣的千歲信仰是以在地風土人情與信仰習俗而發揚光大的，就如三太子一樣，是探究臺灣宗教本土化和現代化的極佳樣本！

▌王爺澄清大會 Q&A

Q：王爺有姓沒名？

A：出自歷史與傳奇賢人的王爺當然有名有姓，百姓慣稱某府王爺或某府千歲，是不敢直呼名諱，但有些王爺的名字長久下來可能因而被遺忘，只稱呼某府王爺或某府千歲，見附錄的「常見的王爺名單」（見 P230）。

　　沒有名諱的王爺有二：

　　一是自然崇拜的神格化，如十二天王（瘟王）、五福大帝（五瘟鬼）；二是集體大批出現，且來源眾說紛紜，如三百六十進士或三十六進士。以上兩者一開始就缺乏姓名的史料記載，因而沒有名諱。

Q：王爺又稱千歲？

A：王爺有很多稱謂類型（見 P225-226），千歲是其中一種，所以王爺並不全部都稱千歲。

Q：王爺都代天巡狩？

A：只有稱號為千歲的王爺才代天巡狩；而尊王、國王反而經常行使城隍職務。

Q：王爺有偶數組合？

A：王爺很多時候是以組合的方式出現，組合的成員會因地域不同而稍有差異，但還是有「主流」的組合，以李、池、吳、朱、范、溫、蘇、邢、蕭九姓居多。

一般人大都只稱某府王爺或某府千歲，需搞清拜的是誰，像蘇府王爺就有蘇東坡、蘇永盛、蘇碧雲、蘇得化、蘇緘，圖為明朝崔子忠的「蘇軾留帶圖」，描繪了蘇東坡跟金山寺僧佛印說偈，結果輸掉玉帶的故事。

組合中以三府、五府千歲為主，七府、九府千歲亦有所見，但以奇數為主，因為漢族界定奇數屬陽、偶數屬陰，故神明擺奇（陽）數尊，少數主祀者不清楚儀禮，才會以偶數組合出現。

Q：某府千歲不只限定於某個人？

A：對，因為王爺對象眾多，姓氏有重複的現象，比如李府千歲就有李靖、李白、李大亮、李勇、太白金星……，祭拜之前可要先釐清喔！

反穿龍袍的溫府千歲

溫 府 千 歲 檔 案

傳說，溫王爺曾與一位法師鬥法，鬥法時龍袍掉落，廟
祝匆促為祂穿上時不慎穿反。直到現在，東隆宮溫王爺還維
持著龍袍前後反穿的慣例。

213

各類王爺

相傳溫府千歲，即溫鴻王爺，於唐太宗時因救駕有功，
連同三十六人被賜進士出身，並義結金蘭，為國家的重要大
臣，後一起奉命巡行天下，但不幸在某次出勤時因海難集體
溺斃，朝廷追封王爺，為欽差大臣，乘王船四處代天巡狩。

後來的千歲信仰基於此說升級成加強版：成神後的溫王
爺是奉有玉旨的玉皇上帝欽差，搭著王船、帶著尚方寶劍四
處代天巡狩，為了驅瘟除疫、消滅鬼煞，可以先斬後奏；此
外，並有以中軍府為首的五營神將供王爺指揮。這個說法後
來廣為其他千歲信仰接受，致使許多地方的千歲廟都行欽差
巡狩職務，或稱為「代天府」。

溫王爺雖相傳為山東人，京城官吏，但因四處巡行，後
於海上成仙，所以在航海最發達的福建便相傳經常見到張著
「溫」姓旗幟的船舶顯靈，溫王爺信仰也因而在漳、泉兩州
傳開。溫王爺的故事雖然缺乏有力史實證明，但據記載，清
朝時東港設有下淡水巡檢司署，當時東港一帶的瘟疫歷十任

王爺信仰中的五營神將，和三太子哪吒所屬的五營神將一樣嗎？

三太子哪吒是道教五營神將裡的中壇元帥，但民間信仰中的王爺，則是由中軍府的中軍
爺來統領五營神將，概念雖同，但所指不同。

中軍爺在王爺信仰中扮演重要角色，不但是先鋒官，也是軍事與行政總管。平時中軍爺
的乩身便代表王爺講話，而在王船祭時，除了前置作業，其餘正式任務也是在中軍府神位安
座後，才在中軍爺的監督、護持下展開。根據禮儀，中軍爺共有十二尊，一次擺三支令旗，
由擲筊決定，一支是值科（負責本次儀式）中軍府，兩支是值年中軍爺。

巡檢仍流行不止，束手無策下只好恭請溫王爺保佑，而溫王爺也允諾代天巡狩回天庭覆命時，順便將瘟疫帶走，這便是東港溫王爺建醮驅瘟的開始。

溫王爺是保境神驅瘟，而非由瘟神或瘟鬼祭祀而來，一開始可能受到其他瘟神王爺影響，加上溫與瘟同音，所以作醮、送瘟被一些人誤解成是安撫瘟神與送瘟神離開。如今，溫王爺的建醮做法和說法已經相當明確：長達七天的王船祭活動中亦包含了遶境，祈求所到之處四境綏靖——若真是瘟神，怎麼還可能四處去遶境、散播瘟疫？

至於最後的送王（燒王船）是送代天巡狩的王爺回天庭覆命，王船裡有陪祀的三十六進士、百姓豐富的供品和溫王爺抓到的瘟鬼妖魅，有的廟宇還會打造永久的王船供奉，據說鬼魅怕被抓上去，所以靈驗異常呢！

▌東隆宮是臺灣溫王爺的信仰中心

相傳，王爺信仰以臺南縣北門永隆宮為開基祖廟，但目前以屏東東港東隆宮為臺灣最富盛名的溫王爺信仰中心，主祀溫王爺，金身前配祀五府千歲，由五府千歲輪流值年，所以在溫府千歲信仰裡，溫王爺地位高於五府千歲。

東隆宮三年一次的「東港迎王平安祭典」是全臺最聞名的王船祭，每次都建造與真船一模一樣的實木王船、設置欽差大臣行館的代天府、出動兩百餘座神轎……，科儀繁複，場面浩壯，宛如欽差大臣親臨巡查。

據東隆宮官方網站記載，清康熙年間因大潮汐的關係，東港沙灘漂來大批有「東港溫記」記號的木材，被百姓認為溫王爺有意選擇此地立廟弘法，因而刻了金身建廟祭祀。經筆者查證，福建確實有一濱海的港口東港鎮，如上說屬實，則當年的「東港溫記」木材或許為當地溫姓商家所有。

日據時期臺灣慣習研究會所蒐集的漂流神船照片（上），以及船內安奉的神像（下）。

創下金氏紀錄的五府千歲

臺灣最大的五府千歲廟——南鯤鯓代天府，曾舉辦臺灣第一醮，也就是道教最高等級的作醮活動「羅天大醮」，並創下最多道教神像齊聚的金氏世界紀錄。

臺灣最大的王爺信仰是五府千歲，而臺南南鯤鯓代天府則是最大的五府千歲廟，也是臺灣的王爺總廟，祭祀的是大王李大亮、二王池夢彪、三王吳孝寬、四王朱叔裕、五王范承業五位王爺，而以大王李府千歲為首，現在說「四月瘋王爺」或「三月瘋媽祖，四月王爺生」，指的便是李府千歲農曆四月二十六日聖誕，全島瘋狂祭祀的盛況。

李府千歲出生門閥，是唐朝開國大將，也輔佐唐太宗打贏過許多戰役，和李靖、房玄齡等名將大臣都合作過，一生清廉，死後貧無遺產，追封兵部尚書（國防部長），並陪葬在唐太宗的皇陵，地位崇高可見一斑！不過，史書並未記載其他四位王爺，相傳五府千歲是相偕作戰的結拜兄弟。

▌ 南鯤鯓代天府・全臺最大的王爺廟

一九六七年《南鯤鯓廟代天府沿革誌》記載：明末有一艘三檔帆船漂流到南鯤鯓沙汕（即南鯤鯓的濱外沙洲），船內有五尊王爺、中軍府神像，以及「代天巡狩」的旌旗一支，應該是福建沿海送王船漂流過來的，但一艘小船能飄洋過海且無大損傷，堪稱奇蹟。

居民先以草寮安置神像，後因靈驗異常，便興廟祭祀，並用原本的旗桿神木雕塑六尊金身，康熙元年完工後，以地名稱為「南鯤鯓廟」，五府千歲被尊稱為「南鯤鯓王」，因為是開臺首廟，也稱「開山廟」；道光年間遷於現址竣工，改名為南鯤鯓代天府，後又歷經整修擴建，終成全臺最大的王爺廟，並在二〇一四年十二月三日舉辦臺灣第一醮「羅天

作醮 vs. 羅天大醮

「醮」是祭祀神明的意思，民間時常見到的「作醮」，就是擴大舉行祭祀典禮與活動，在戶外搭建一座高聳華麗的醮壇則是它的特色，因祭祀主神與目的不同而有不同的醮壇。「大羅天」是道教三十六天裡最高的天界，更在三清之上，屬於飄渺無極界，所以羅天大醮是道教最高等級的作醮活動。

南鯤鯓代天府已然成爲全臺最大的王爺廟。

大醮」，有來自國內外一萬四千三百七十三尊神明參與，創下最多道教神像齊聚的金氏世界紀錄，可見五府千歲號召力之大！

代天府一開始建在沙洲之上，日久逐漸被淹沒，故計畫搬至槺榔山現址，但槺榔山當時是亂葬崗，傳說盤踞了許多孤魂野鬼，並以一名生前為牧童的「囡仔公」為首領，雙方為了爭地起爭執，後經土地公協調不成，雙方展開大戰，於是媽祖天后和保生大帝出面協調，日後在代天府南鄰蓋一座「萬善堂」來祭祀祂們，爭端才告落幕，現今，廟宇內也還配祀萬善爺囡仔公，即因此而來。

代天府因爭地而「神鬼大戰」的故事雖無法辨別真偽，不過筆者推測，以小孩為孤魂野鬼的首領似不合理，故事中的牧童囡仔公，可能是以牧童囡仔身成仙，且在臺南祭祀頗多的廣澤尊王之誤解。

「南鯤鯓代天府五府千歲進香期」名列臺灣指定的重要民俗之一，指的是農曆四月二十六日至九月十五日這段期間裡，五位王爺聖誕的刈香、朝聖、宮廟和乩壇活動等。南鯤鯓代天府自康熙元年即已建廟，從此除了臺南外，還會以海、陸的方式出巡臺灣東、西岸及澎湖，卻從來沒有舉行過建醮儀式，直到一九六八年九月才首辦建廟「三百年醮」，共有三千尊神像與會、八十五艘漁船贊普，設有一萬三千張普桌、十七個斗燈供信徒祈福，場面浩瀚雄偉，令人震撼，如王親臨一般！

刈香

刈香指的並非跟團至廟宇朝拜，而是分火出去的分靈，在祖廟主神誕辰之時回來謁祖，並進行遶境。目前全球約有兩萬尊王爺由南鯤鯓代天府分靈出去，分靈之多堪稱全臺之冠，刈香場面之浩大自當頗為壯觀！

正神變瘟神

王爺信仰除了千歲外，還有天王、瘟王、聖王、尊王、國王，其中與千歲最相近的便是五年千歲。五年千歲在原始學術上的定義是，十二瘟王因為五年建醮一次，行使代天巡狩職務，故稱五年千歲，但此說法可能是誤將天王當瘟王。

自日治時代迄今，學者將王爺定義為瘟神，而送王（王船）則是送瘟神離開之意，因此王爺為散布瘟疫的瘟神之說便廣為流傳。

所謂「瘟神」或「瘟王」，其實僅是一種尊稱，猶如百姓稱山賊為山大王一樣，這將王爺當成散布瘟疫的大鬼看待，而其中又以十二瘟王為代表。不過，這些說法可能是誤將十二天王當十二瘟王。

根據《道藏源流考・法海遺書・第三十五部》記載，太上老君弟子康績之下有十二位神將，都是大巨人，本來是玉皇大帝的十二個弟弟——天皇十二帝，後奉玉皇上帝玉旨轉世為十二位英雄，一起義結金蘭協助周武王討伐商紂，在周朝建國之後被敕封為「中天十二宮辰」，民間俗稱「十二天王」，依十二地支輪年值科，回天庭後又奉玉旨查察人間善惡，為代天巡狩，現在新北市蘆洲玉旨宮祭祀有康王大元帥（康績），即為五年千歲的統領。

這雖然是一個將十二宮辰（十二地支）神格化的傳奇，但卻說明了：十二天王的信仰起始是中天十二宮辰，而非十二瘟王。道教興起後，延續十二天地支的崇拜，現有經典中的《太上玄靈斗姆大聖元君本命延生心經》、《法界聖凡水陸勝會修齋儀軌卷・第三》、《玉斗玄科》等都出現「十二宮辰」聖號，可見其在道教中信仰的廣泛與深植。

十二天王原本是天皇十二帝下凡的伐紂英雄，因為是玉皇之弟——親王，故稱千歲，但因非為凡人，所以尊稱某千歲，不稱為某「府」千歲，表示並非某戶人家的王爺。

十二地支

十二地支（宮辰）可以是十二時辰、十二個月、十二年（生肖）、十二方位等含括時空循迴的計量。

▌十二天王如何輪值？

十二天王每十二年輪值一次，一年一尊，非一次十二尊皆出動，並在寅年、午年、戌年建醮。

十二天王輪值表

年分	子	丑	寅	卯	辰	巳
千歲	張千歲	徐千歲	侯千歲	耿千歲	吳千歲	何千歲
年分	午	未	申	酉	戌	亥
千歲	薛千歲	封千歲	趙千歲	譚千歲	盧千歲	羅千歲

註：
1. 因逢寅、午、戌年建醮，故侯、薛、盧三位千歲為科主。
2. 十二天王以戌年盧千歲為大王。

此外，十二天王傳有姓氏，未傳有名諱。現在有的說法會將十二天王加上名字（說法互有差異），不過，原始史料即無名諱，新的名諱在史料與《封神演義》裡皆無記載。

臺北松山奉天宮亦有祀奉的五年千歲。

五年千歲已不等於十二天王

　　五年千歲祭典，實際為四年舉行一次，但因為漢族與閩南忌諱說四，於是以第五年舉辦下一次，是「五年虛、四年實」，說成「首尾五年一科」。

　　不過，祭祀十二天王的廟宇並非皆「首尾五年一科」，也有三年一科的，則此時不能稱為五年千歲。這裡有個現象是，目前臺灣的五年千歲都是天王，十二瘟王反而都是三年一科，可見早年將十二天王當成十二瘟神或將千歲當成瘟神的研究可能有些誤解。

十二瘟王並非十二天王，其輪值名號表

身分	子	丑	寅	卯	辰	巳
瘟王	周大王	趙大王	魏大王	鄭大王	楚大王	吳大王
身分	午	未	申	酉	戌	亥
瘟王	秦大王	宋大王	齊大王	魯大王	越大王	大王

　　雖然在原始定義當中，十二天王因為首尾五年一祭而稱為五年千歲，然而經時代變遷，現在在臺灣，保境神王爺只要是首尾五年一祭、並執行代天巡狩職務的，便可以稱為五年千歲。

　　由於五年千歲已經不限於十二天王，而十二天王也不見得首尾五年一祭，所以五年千歲與十二天王已經是完全獨立的稱謂。

　　目前臺灣主祀五年千歲且被譽為祖廟的雲林馬鳴山鎮安宮依首尾五年祭祀一次，並有王船祭代天巡狩，行千歲欽差職務，這是臺灣目前最典型的十二天王五年千歲廟。鎮安宮稱十二天王為十二千歲或十二王爺，未曾稱過十二瘟王，並且有「分靈廟」制度，經許可後可恭請一尊神尊回自宅、祭壇、廟宇恭奉。

（上）一九四七年時，慶安宮重
建落成盛況。
（左下）擴建的慶安宮主祀媽祖
天后，十二瘟王為配祀。
（右下）慶安宮裡典藏的「萬歲
牌」，原安置於鄰近的關帝廟，
因關帝廟毀壞才移至慶安宮。

十二瘟王在曾文溪流域

　　臺灣明確祭祀十二瘟王而非十二天王的地區為曾文溪流域，以有三百年歷史的臺南西港慶安宮為代表。

　　慶安宮歷經擴建後，現在主祀媽祖天后，十二瘟王為配祀；雖然十二瘟王在此並非主神，但因為慶安宮的王船祭在臺灣歷史最久、科儀齊全、陣容浩大，香火鼎盛直追東港王船祭，所以有「南東港，北西港」之稱，為臺灣兩大王船祭之一，同時也是十二瘟王祭祀的代表。

有瘟鬼出生證明的王爺

五福大帝的原型為五瘟鬼，是唯一有史料可確認為瘟鬼的王爺。雖然在臺灣的信仰並不大，卻對王爺信仰造成重大影響，連臺灣的八家將文化也是從五福大帝的祭典而來。

五福大帝是民間對五方瘟鬼的尊稱，又稱為五靈王爺、五路瘟神、五瘟使者等，民間簡稱為五鬼，現在還變成算命術裡的一個凶狠刑煞。瘟疫自古即有，故甲骨文裡即有「儺儀」的驅瘟儀式記載，而瘟疫的「神格化」過程大致為：

●東周《黃帝內經・素問・遺篇・刺法論》：記載有五行五疫。

●東漢《禮稽命徵》：記載有三疫鬼，此後三疫鬼或五疫鬼的傳奇便廣為流傳。

●南北朝葛洪《元始上真眾仙記》：升格為「五方鬼帝」。那麼，瘟鬼又是如何與王爺連結的呢？

●南北朝陶弘景《真誥・協昌期》：上帝告訴土地墳墓的五方主管趙公明等諸神，某公侯過世時不可妄自為害。這裡只點名趙公明，並看得出來祂們同時有守護和為害兩種功能，大抵精怪型守護神都兼備這兩個特質。

●道教經典《太上洞淵神咒經・卷十一》：明確說出劉元達、張元伯、趙公明、李公仲、史文業、鍾任季、少都符七大瘟鬼，各率領五傷鬼精二十五萬，散布瘟疫。

●道教經典《正一瘟司辟毒神燈儀》：正式記載五瘟使者為：東方行瘟張使者、南方行瘟田使者、西方行瘟趙使者、北方行瘟史使者、中央行瘟鍾使者。

●明《三教源流搜神大全》：目前流傳的五瘟使者即出自此書。書中記載祂們是五方力士，在天上為五鬼、在地下為五瘟，分別是：春瘟張元伯、夏瘟劉元達、秋瘟趙公明、冬瘟鍾仕貴、總管中瘟史文業，

臺南開基白龍庵安慶堂五瘟宮所祀奉的五福大帝。

隋文帝為了安撫瘟鬼，不但建廟祭祀，還封衪們為大將軍。不過這顯然只是傳說，因為如果五瘟鬼真的有被皇帝敕封，就不會被視為淫祭了。

從以上記載可清楚知道，五福大帝由瘟鬼祭祀而來的根據相當明確，至於十二天王是由瘟鬼祭祀而來的根據則相當薄弱，甚至在整個廣泛的王爺信仰裡，確實由瘟鬼信仰而來的，嚴格說來也只有五福大帝，十二瘟王也沒有正式典籍記載，因此，以瘟神說來解釋王爺信仰，是嚴重的以偏概全。

五方瘟鬼出身明確，早年被朝廷視為淫祭，清朝掃蕩淫廟時，信徒為了避風頭，便以五方瘟鬼的稱號皆為某靈公而稱為五靈王爺或五靈公，或以信仰地區福州為名改稱五福大帝。雖名號升格為王爺、大帝，但終究是有名無實、不被朝廷與道教承認的虛號，為了低調行事，廟名多取做「庵」。

▌瘟鬼當城隍

廟不在大，有仙則名；神不在高，有應則靈。可能因為五瘟王夠靈驗，信仰越發堅實，後來五瘟王也被神格化了，從散播瘟疫變成驅除瘟疫，最後還與城隍信仰與模式結合，變成福州角頭的民間城隍爺，配祀有文、武判官等編制。明朝時，福州即建有主祀五福大帝的白龍庵（臺灣五福大帝祖廟），根據清朝《榕城紀聞》的記載，明崇禎皇帝時福州爆發瘟疫，地方因而浩大地祭祀五福大帝，後來成為地方「民間官衙」，也就是民間城隍廟，慶典期間的陣頭、排場更是浩大，相傳傳來臺灣後演變成八家將陣頭。

同是清朝的《烏石山志》記載，閩中（福建）祭祀五福大帝，五、六月間並奉神出遊，稱為「請相出海」，這個儀式跟王爺信仰的祭瘟、送王船非常類似，雖尚無法判定誰先誰後，但相互影響肯定是有的。

五靈王爺（五靈公）vs. 五顯靈官（五靈官）

五方瘟鬼被百姓尊稱為五靈王爺、五靈公，但不是五顯靈官、五靈官，不可混淆。靈公是對鬼魂的尊稱，靈官是道壇護法。道教有五百靈官，以五位統帥為首領，便是五顯靈官（五靈官），為首主神稱華光元帥馬天君，所以現在也有人將五福大帝誤視為華光元帥。

　　除了位階神格化外，五瘟鬼的身世也被「漂白」了。福州白龍庵便稱祂們是五位書生，知道瘟鬼在水裡下了藥，於是以身試毒取信鄉民，讓百姓免於受害，鄉民因而建廟祭祀，玉皇上帝也敕封祂們為「五福王爺」，主宰瘟疫，巡狩天下，五瘟鬼便成為王爺級與千歲型的神明。

　　臺灣的五福大帝信仰以白龍庵系統為主，皆來自福州白龍庵。清朝中期福州官兵自福州白龍庵分靈香火攜來臺灣，興建了臺南白龍庵，後來福州移民自行前往分靈，另建臺南西來庵。日治時代發生西來庵反日事件後，一些廟宇便改名為五靈公廟避風頭。

　　臺南白龍庵在日治時代遷地改建為臺南元和宮白龍庵，除了是全臺五福大帝首廟外，據研究，也是臺灣八家將陣頭的起源地。因為五福大帝被視為民間城隍爺，所以福州白龍庵的陣頭就已有類似的兵將陣頭，相傳當時的兵將是五福大帝向福建漳州九天千古佛借將的。

　　來臺灣後，臺南白龍庵參考城隍的編制，做出「什家將」的陣頭，有為城隍爺巡視時開路、抓妖、隨扈的功能，也就是現在的維安人員，後廣為其他神明陣頭採用為先鋒官，不再專屬五福大帝。什家將傳至嘉義慈濟宮如意振裕堂後改為八家將，流傳度最廣，普遍因而稱為「八家將」。

四月痟王爺

　　臺灣是漢族移民殖入的地區，所以隨移民而來的各處保境神王爺種類繁多，發源地以福建為大宗，而以南部的雲嘉南高沿海分布為主，因此有「北城隍、中媽祖、南王爺」的說法。

　　臺灣的保境神王爺究竟有多少？民間傳說「三十六府王爺」，但顯然不止，據《臺灣各縣市寺廟名冊》（一九八七年）所列，臺灣王爺有一百三十二姓之多；全部的王爺廟總合起來，在不包含土地公祠的情況下，全島不含臺北、高雄兩直轄市，共有一千三百三十座，為全國之冠，遠超過亞軍的媽祖廟六百七十二座近兩倍，可見王爺是一個龐雜分散但群聚勢力雄厚的信仰，所以民間戲稱「三月痟媽祖、四月痟王爺、六月痟關公」為三大慶典。

▌臺灣最常見的保境神王爺

　　臺灣最常見的保境神王爺有：

稱呼	聖號	姓名（身分）	說明	最高神階	發源地	類型
千歲	溫府千歲	相傳唐朝救駕有功賜進士出身的溫鴻（傳奇賢人）	獨立祭祀的千歲	民間信仰代天巡狩	泉州漳州	賢人崇拜
	五府千歲	唐朝開國大臣李大亮、池夢彪、吳孝寬、朱叔裕、范承業（歷史加傳奇賢人）	成員不一，又常簡化為三府（李、池、朱）	民間信仰代天巡狩	漳州	
	五年千歲	相傳為伐商的十二天王，民間有時誤認為十二瘟王（十二宮辰的人格化）	因為首尾每五年做醮一次，故稱五年千歲	民間信仰代天巡狩	泉州	自然崇拜

瘟鬼	五福王爺	五路瘟神（五瘟鬼人格化）	又被尊稱五福大帝、五瘟大帝、五靈王爺	民間信仰等同城隍爺，但清朝視為淫祭	福州	瘟神
聖王	開臺聖王	明朝鄭成功（歷史賢人）	臺灣文明開發者	明朝敕封延平王	臺南	賢人崇拜
	開漳聖王	唐朝陳元光（歷史賢人）	漳州的刺史（州長），對福建、廣東開發貢獻極大	宋朝敕封靈著順應昭烈廣濟王	漳洲	
尊王	靈安尊王	張將軍，五代閩國張悃	福建惠安縣青山守護神	明朝敕封青山靈安尊王	泉州	賢人結合山神崇拜
	廣澤尊王	後唐得道的郭洪福	福建南安鄉郭山守護神	清朝敕封廣澤尊王	泉州	
	保儀尊王	唐朝名將許遠及張巡忠臣的合稱	福建安溪縣大坪守護神	明、清分別敕封忠靖靈祐尊王、順靈著尊王	泉州	
國王	三山國王	連傑、趙軒、喬俊（山神的人格化）	廣東揭西縣河婆鎮的巾山、明山、獨山三座山的山神	相傳宋朝敕封清化威德報國王、助政明肅寧國王、惠威弘應豐國王	潮州	自然崇拜（山神）

十六歲成仙的廣澤尊王，民間俗稱「翹腳王」。

■ 祭祀千歲王爺，謝絕菸酒檳榔

祭祀千歲與王爺禮同一般神明，但因千歲、王爺兵將眾多，所以喜歡葷食，不過時代進步，神明也想嚐鮮，隨意亦無不可。有人以菸、酒、檳榔、保力達Ｂ等當供品慰勞兵將，這是不正確的，既已成為正神的部屬，行為就必須恪守紀律，這些會亂性的食品只能供奉陰鬼，至於正廟諸神，不分職位大小，都是絕對不能供奉的。

王爺多重紀律，不諳拜拜步驟尚且無妨，但絕不能有不敬或喧譁的行為；民間習俗認為

有「馬頭帶箭」命格的小孩子成年前不要入王爺廟，避免彼此強烈好鬥的磁場相剋；王爺大多長得比較凶悍，小孩易受驚嚇，可視情況再進入。其他王爺的祭祀禮儀同千歲一樣。

因為千歲是代天巡狩，所以出巡也是代天府重要的宗教活動。南鯤鯓代天府從康熙二十二年（西元一六八三年，癸亥年）起，每一甲子一次的「六十年（癸亥）大巡」，巡狩全島或特定區域，是非常隆重盛大的百年大祭！此外，還有每年一次與臨時的出巡。

二〇〇八年，大王李府千歲臨時出巡澎湖，是代天府在日治時代後睽違八十五年再次出巡澎湖。澎湖也是千歲信仰的地區，當地的海靈殿蘇府王爺是相當著名的王爺聖殿，而望安五府千歲廟主祀酈府王爺和南鯤鯓五府千歲，同時相傳在南鯤鯓廟重修之時，澎湖也大力贊助。當時有二十四家廟宇、近百個香團，約三千名信徒從臺南安平港出發，有兩百多艘漁船在海上接駕，接著巡狩澎湖二十五間廟宇和當地大街小巷，可見王爺信仰在海域地區的重要性！

▌送王船──是鎮瘟還是驅瘟神？

為何王爺會和瘟疫有關？因為古代瘟疫流行，被視為和火雷、洪水一樣可怕的天災，所以驅瘟除疫便成為古代從中央到民間的重要宗教活動。驅瘟除疫的儀式早在商朝甲骨文就出現了，稱為「儺儀」，《周禮·夏官·方相氏》專門記載儺儀，可見其重要性！

驅疫儀式歷經各朝代變革，大多已經融入各種宗教活動中，如祭祀、建醮、遶境、陣頭等，現在只剩西南山區雲貴部落還流行儺儀，而東南沿海的驅瘟儀式則主要表現在千歲信仰上。

到了日治時代，臺灣保境神王爺被日本學者認為是「瘟

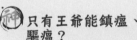

只有王爺能鎮瘟、驅瘟？

驅瘟並非王爺的專利，任何神明都有驅瘟的功能，但因送王船儀式太風行，才引人誤解，例如二〇一五年九月臺灣臺南天狗熱（登革熱）防疫失守，於是在該年中秋節前夕臺南有七百餘家宮廟擇吉時一起鳴炮，並由三十家宮廟遶境三天驅瘟；又例如，臺南鹽水蜂炮就是請關聖帝君出來驅瘟，而媽祖遶境、炸寒單等宗教活動，驅瘟也是主要任務之一，但可能因為王爺信仰大多起源於福建，在地域相近的信仰交流下，一開始保境神的王爺受到「瘟神說」王爺的影響，蒙上瘟神色彩，但後來在神明崇拜的心理下，又都神格化成有強大鎮瘟、驅瘟功能的保境神。

神」，王爺慶典被認為是祀祭安撫瘟神，「送王」（送王船）則被認為是送瘟神離開以便瘟病遠離。這個「瘟神說」被後來的臺灣學者接受，並補充說明安撫、送走瘟神後來演變成祭祀保境神王爺請其驅瘟、保佑闔境平安等多重功能。

只有少數王爺是瘟鬼

然而，「瘟神說」顯然是以偏概全。首先，保境神王爺只有少部分是瘟鬼演變而來，臺灣王爺的「瘟神說」是將最強調建醮驅瘟的「千歲信仰」誤當成整個王爺信仰，而且又以十二瘟王當成千歲信仰代表的結果。再者，古人確實認為瘟疫是由精怪或天地鬼煞散布的，然而這是民間信仰，而非道教教法。道教教法是天庭六部（六部神為作戰單位，有雷部、火部、瘟部、斗部、太歲部、隨斗部）中設有瘟部，掌管瘟疫，聽令散布瘟疫；瘟部有一位主宰、六位行瘟使者，

臺南南鯤鯓代天府所祀奉的五府千歲。

王爺驅瘟文化在臺灣西南沿海特別流行？

　　驅瘟除疫自古以來即為重要的宗教活動，臺灣是「瘴癘之地」，氣候潮溼悶熱，最易流行瘟疫，所以臺灣地方信仰的王爺驅瘟便特別盛行。其中原因，除了接受移民攜入的保境神王爺驅瘟文化傳統外，也由於西南沿海時常撿拾到福建泉州南門富美宮送王漂流過來的王船，民眾因敬畏心理而加以祭祀，導致臺灣千歲的送王習俗非常興盛。

　　此外，還一個說法是這樣的：臺灣的送王船分成火化（遊天河）及放諸大海漂流（遊地河），結果坐有驅瘟千歲的王船漂流一陣子後便會在西南沿海一帶靠岸，導致當地居民因敬畏而建廟加以祭祀。

屬於正神，負責對人間降瘟。保境神王爺並不隸屬瘟部，故非瘟神，而民間所謂的瘟神或瘟鬼散布瘟疫，亦非行瘟六行者，這只是民間信仰的看法。

　　雖有十二瘟王、五福大帝一開始被民間認為是瘟神，故加以祭祀安撫，符合「瘟神說」，但其餘大多數由歷史或傳奇賢人、山神變成保境神王爺的，則不是瘟神，而是被祭祀來鎮瘟、驅瘟的。

臺南永華宮所祀奉的廣澤尊王金身；廣澤尊王屬地方神靈崇拜提升的保境神王爺，其信仰以臺南最多，永華宮是臺灣的廣澤尊王祖廟。

從稱謂看是不是瘟神

　　此外，從瘟神演變而來的瘟神王爺和其他保境神王爺，在稱呼上民眾就做了區隔以資辨認，例如，五路瘟神的五福王爺全稱分別是：顯靈公張元伯、應靈公鍾士秀、宣靈公劉元達、揚靈公史文業、振靈公趙公明，全以「某靈公」為頭銜，而非某王爺或某府千歲；「靈公」並非朝廷和道教的封號，而是幽靈的尊稱，如地基主又稱地靈公，並非正神，而是曾經生活附著在土地上的靈，所以五福大帝在稱謂上即明白表示祂是瘟神。因此，從稱謂上就可明顯判斷，一般王爺並非瘟神系統。

常見王爺名單

　　臺灣常見王爺有：三府王爺（李、池、朱）、五府王爺（李、池、吳、朱、范）、七府王爺（蕭、蘇、邢、沈、羅、池、朱）、富美七府（章、韓、雷、狄、邢、金、池）、文興七府（龍、天、張、劉、沈、蘇、林）、文興四府（蕭、刑、沈、廉）、邢府七千歲（盧、邢、周、殖、王、郭、賈），此外還有林林總總的各府王爺。因為王爺都只稱姓，不敢道其名諱，久之人們也忘了祂們的名字，筆者蒐集各方名單如下，因王爺說法雜杳，僅供參考：

溫府王爺：溫鴻、溫嶠

李府王爺：李大亮、李泌、李白、李靖、李哪吒、李德裕、李辛陽、李柏瑤、李勇、李光前、太白金星、李翰

池府王爺：池夢彪、池然、池文魁、池連陞、池德良

吳府王爺：吳孝寬、吳普、吳潛、吳懿、吳友

朱府王爺：朱叔裕、朱參

范府王爺：范承業、范錦祥、范仲淹

蘇府王爺：蘇永盛、蘇碧雲、蘇得化、蘇東坡、蘇緘

邢府王爺：邢蒯瞶、邢鵬

蕭府王爺：蕭望之、蕭何

趙府王爺：趙子龍、趙玉、趙公明

馬府王爺：馬仙池、馬雄、馬陵、馬亮、馬援

姚府王爺：姚賓、姚期、姚文二

謝府王爺：謝玄、謝安、謝馬力、謝石

郭府王爺：郭子儀、郭長成、郭最

伍府王爺：伍子、伍雲召、伍縣令

羅府王爺：羅倫、羅一峰、羅士吉

白府王爺：白起、白孝德、白鶴童子

蔡府王爺：蔡瑞、蔡襄、蔡攀龍

黃府王爺：黃番豹、黃先慈、黃偉流

盧府王爺：盧德、盧醫扁鵲、盧浦癸、盧跗

高府王爺：高德川、高武德、高勇

徐府王爺：徐懋公、徐達、徐忠壯

江府王爺：郭信豐（江蘇省江都縣江都堰知縣）

南府王爺：南霽雲、南臺龍　　紀府王爺：紀信、紀正

韓府王爺：韓童子、韓良　　　葉府王爺：葉適、葉襄

何府王爺：何仁傑、何仲　　　余府王爺：余慈、余文

劉府王爺：劉宗德、劉福貴　　張府王爺：張巡、張全

薛府王爺：薛仁貴、薛溫　　　狄府王爺：狄青、狄龍

莫府王爺：莫英、莫邪　　　　王府王爺：王勳、王何

康府王爺：康續、康喜　　　　侯府王爺：侯彪、侯贏

沈府王爺：沈角　康府王爺：康保裔　金府王爺：金素

岳府王爺：岳飛　魏府王爺：魏徵　雷府王爺：雷萬春

許府王爺：許遠　潘府王爺：潘義進　陳府王爺：陳稜

包府王爺：包拯　林府王爺：林披　楊府王爺：楊繼業

田府王爺：田單　譚府王爺：譚起　封府王爺：封立

鄭府王爺：鄭成功　耿府王爺：耿通　金府王爺：金玄元

龍府王爺：龍宣和　殷府王爺：殷郊　鍾府王爺：鐘馗

萬府王爺：萬慈誠　周府王爺：周瑜　方府王爺：方叔

丁府王爺：丁啟濬　勾府王爺：勾踐　施府王爺：施全

龐府王爺：龐德　舜府王爺：舜華　潘府王爺：潘義進

邱府王爺：邱化成　符府王爺：符堅　州府王爺：州綽

梁府王爺：梁德芳　殖府王爺：殖綽　賈府王爺：賈舉

　　另，尚查無名諱者如下：章府王爺、楚府王爺、魯府王爺、宋府王爺、駱府王爺、韋府王爺、歐府王爺、廉府王爺。

圖 片 出 處

本書影像圖片出自以下書籍、單位和拍攝者，以此感謝。

林許文二：P9、P12、P15、P17、P19、P21、P22、P23、P28、P34、P35、P38、P40、P43、P49、P50、P52、P53、P54、P56、P61、P62、P64、P66、P68、P69、P70、P73、P77、P80、P87下、P88、P91、P94、P95、P96、P97、P98、P105、P108、P111下、P121、P123、P124、P125、P126、P18、P129、P130、P132、P136、P137、P138、P139、P142、P143、P144、P147、P148、P151、P152、P153、P154、P157、P158、P159、P160、P163、P164、P167、P168、P169、P172、P173、P174、P177上、P178、P179、P180、P184、P18、P189、P190、P191、P192、P193、P194、P196、P199、P200、P202、P206、P209、P210、P216、P218、P220、P222、P224、P228、P229

《四庫全書》：P003

《臺灣風景紹介誌》：P205

《臺灣農民生活考》：P150上、P187

《臺灣慣習記事》第二卷第一號：P214

Olfert Dapper（1670）：P32、P44-45、P59

Pixabay（pixabay.com）：P93、P140、P203

小林松儒《臺北風景六題》：P37

王圻、王思義《三才圖繪》：P111上、P113

玉堂：P36、P115、P116、P134、P156

池田敏雄《臺灣の家庭生活》：P92、P171

江曉航（佛畫家，覺無憂藝術公司授權）：P27、P29、P31、P33、P63

汪紱《山海經存》：P104、P177

宜蘭道教總廟三清宮：P78、P83、P84、P85、P87上

花蓮勝安宮：P106

故宮典藏：P82、P102、P212

宮地硬介《臺灣名所案內》：P47

新竹都城隍廟：P205

彰化鹿港護聖宮：P55

蔣應鎬《山海經圖繪全像》：P101

魏士傑：P75、P90、P135、P150下、P226

其他日治時期舊書翻拍：P48

34
Mystery

34
Mystery

34
Mystery

34
Mystery